El japonès que es barallava amb les paraules del català

Xavier Rull

Nota editorial

És possible aprendre coses de lingüística explicades amb un llenguatge planer?

Aquest llibre, per la seva forma, pot semblar una novel·leta (d'aquelles de passar l'estona); però, en realitat, és un llibre de divulgació científica. Fins i tot, es pot considerar un experiment, en el sentit que s'intenta veure si es pot divulgar conceptes gramaticals de manera planera. En efecte, s'hi expliquen conceptes de lingüística però no pas adreçant-se a especialistes, sinó adreçant-se al gruix de la població (que, en principi, solament coneix conceptes gramaticals bàsics, com *nom, verb, adjectiu, adverbi, article, pronom, subjecte, conjugació verbal, singular, plural, sinònim, metàfora, subjecte, complement directe, complement indirecte* i poca cosa més).

Per a fer-ho, l'autor s'inventa una història i es posa a la pell d'una persona que acaba d'aprendre català al Japó, però a qui se li fa difícil interpretar certes expressions populars (que normalment no s'ensenyen a les classes de llengua), entre les quals hi ha les qüestions gramaticals que són objecte d'explicació.

Si el lector arriba al final del llibre havent entès el que s'hi explica, vol dir que l'experiment ha reeixit: és possible explicar conceptes gramaticals complexos a qualsevol persona, utilitzat un llenguatge planer.

Tot i que el llibre pretén divulgar conceptes gramaticals abstractes, el lector també hi trobarà un tast de conceptes de dialectologia catalana i també de sociolingüística de la variació (registres, el concepte de llengua estàndard, etcètera).

Per cert: encara que algunes de les coses que li passa al protagonista puguin semblar surrealistes, bona part de les escenes estan basades en fets reals.

1. D'Osaka a Barcelona passant per Los Angeles

Hola, em dic Hiroshi Koizumi. Sóc japonès, tinc 27 anys i visc a Barcelona.

Us escric a vosaltres, catalanoparlants, a veure si em podeu ajudar. Fa temps que vaig aprendre català i, tot i que el parlo bastant bé, em trobo amb paraules i expressions que em costen d'entendre. A veure si vosaltres em podeu ajudar.

Vaig néixer a Osaka. Treballo en una empresa japonesa de logística. Fem comandes per internet, transport per terra, transport via drons i enviaments massius de tota classe, arreu del món. Parlo japonès i també sé anglès (molt bé) i francès (una mica), a banda de català, com us he dit. De jovenet vaig començar a estudiar rus, però vaig deixar-ho.

M'he casat amb na Claudia Jefferson. Ella és californiana, té 28 anys i treballa d'arquitecta. Sap parlar anglès, òbviament, i també sap castellà i portuguès, ja que molts dels seus clients són de Mèxic, Brasil, Argentina i Xile. I és guapíssima. Té els cabells castanys llargs i ondulats, els ulls d'un blau que sembla aigua cristal·lina i —el que m'agrada més d'ella— unes lleus pigues a la cara.

Ens vam conèixer per internet, i a partir de llavors vam veure'ns cinc vegades. Una a Osaka —on vivia jo—, una altra a Los Angeles —on residia ella—, una altra a Nova York, una altra a París i una altra a Barcelona. (Tenim pendent de fer una gira per les capitals del centre d'Europa: Viena, Praga, Budapest, Bratislava, Salzburg...). La darrera trobada —la de Barcelona— va ser la més romàntica, i és quan vam decidir casar-nos.

Quan havíem de decidir on posar-nos a viure, vam escollir precisament Barcelona. A ella ja li anava bé per la seva feina; i jo —com us he dit— treballo en una empresa multinacional japonesa, que resulta que té una planta als afores de Barcelona, des d'on gestionem enviaments a pràcticament mig Europa. Així que jo vaig demanar el trasllat a la planta de Barcelona, i també per això vaig matricular-me a classes de català a la Universitat d'Osaka, on hi ha un lectorat de català. El professor de català que vaig tenir es diu Martí i és de Banyoles. Ella va estudiar-lo per internet a través d'un curs en línia.

Ara tenim un fill de dos anys. Li vam posar Jordi. Convindreu amb mi que és el nom més adient per al fill d'una californiana i un japonès.

Per què vam triar Barcelona? A mi personalment m'agrada moltíssim Catalunya. M'encanta Gaudí i sobretot la Sagrada Família. A més, tinc entès que, a la Sagrada Família, una de les portes va ser feta per un compatriota meu, i va posar-hi un relleu abstracte representant *El cant dels ocells*, una cançó popular catalana que, com sabeu, va fer famosa en Pau Casals. També em té el cor robat Montserrat. És impressionant! Quanta màgia hi ha allà! Una altra cosa que m'agrada molt és el gòtic català: espaiós, net... res a veure amb la carregamenta del gòtic francès, ostentós, bigarrat. Quina pau que desprenen les catedrals catalanes o l'església de Santa Maria del Mar! El romànic, en canvi, no m'acaba de convèncer: el trobo fred. També em fascina el joc del Barça, un dels millors equips de futbol del món. I per cert: els castells humans és una cosa bestial. Perdoneu: bes-ti-al! Ara ho he expressat bé. Els catalans teniu enlluernats mig món amb aquest espectacle. I què dir de la diada de Sant Jordi: m'enamora! Quant a na Claudia, com a arquitecta li agraden els edificis modernistes de Barcelona, no cal dir-ho; però allò que li agrada més de la ciutat és que sempre hi fa bo. Fins i tot a l'hivern la temperatura és molt agradable. Ella és californiana; per tant, mai s'hauria habituat a viure en ciutats atlàntiques (com Amsterdam) o de l'est d'Europa (com Bratislava), sempre fredes durant mig any...

(Ara: el que no suportem és alguns dels costums culinaris vostres. Això de menjar caragols és repugnant —ja em dispensareu. Tampoc hem fet mai cap calçotada: no ens entraria res. I el que no suportem de cap manera és aquesta cosa fastigosa del pa amb tomàquet —ecs!)

Quan vam arribar a Catalunya, em vaig quedar parat de com us agrada als catalans el còmic japonès (que anomeneu amb els mots japonesos: *manga* quan és en paper i *anime* quan és en vídeo). A la televisió pública catalana sempre s'hi emet alguna sèrie de dibuixos animats japonesa. Moltes ja les mirava jo quan era petit, al Japó: em fa molta gràcia tornar-ho a veure, però ara en català (tot i que algun cop em poso el dual per tal de sentir-ho en la meva llengua materna).

I ara us parlaré de la meva feina. A la planta on treballo com a supervisor, hi tinc gent de tota mena. Molts són catalans que parlen català. També hi ha altres catalans que tenen el castellà com a llengua materna —tot i que també saben parlar català. (Per cert, m'he adonat que els catalans, de l'espanyol, no en dieu *espanyol*, sinó *castellà*.) Després hi ha dos marroquins i dos romanesos. Els marroquins parlen molt bé el català: en canvi, dels romanesos n'hi ha un que el parla molt bé i un altre que el parla d'aquella manera, amb la seva fonètica original ben marcada.

—oOo—

I aquí és on volia anar. Els catalans que treballen amb mi, quan demanen pel meu fill, sempre em diuen:

—Què fa, el nano?

La primera vegada que vaig sentir la paraula *nano* em vaig quedar parat. Quan estudiava català al Japó, vaig aprendre que, en el cas d'una persona de poca edat, en català en diuen *nen* (si és mascle) o, en tot cas, *infant* (que és més formal).

En Martí, el professor de català d'Osaka, va tenir cura d'ensenyar-nos altres formes de dir d'altres territoris: ens explicava que si anàvem a les Illes, sentiríem dir *nin* o *al·lot*; i si anàvem a l'Occident català i al País Valencià, sentiríem dir *xiquet*.

Però a la planta ningú no diu *nen* (ni *xiquet* ni *nin*), sinó *nano*. I jo em pregunto: si el mot que toca és *nen* (o *xiquet* o *nin*), per què en diuen *nano*? Sempre estan dient *nano*. *Nano* per aquí, *nano* per allà... I per què no diuen *nen*? Curiosament els catalans que tenen el castellà com a llengua materna sí que diuen *nen* (a vegades ho pronuncien una mica estrany: poden dir *er nen* o fins i tot *el neng*; deu ser influència de la seva llengua materna). Vaig investigar una mica i vaig veure que *nano* en origen significava 'nan'. Quina poca consideració!

Ja sé que, en totes les llengües, cal distingir la llengua real (que té variacions de tota mena) de la llengua que s'escriu, que surt a les notícies i que s'aprèn a les acadèmies. L'anglès que jo vaig aprendre és l'anglès acadèmic i que se sent a la BBC, no pas l'anglès que es parla als carrers de Harlem, que segurament em costaria d'entendre. De fet, quan la meva dona em parla en anglès (que és la seva llengua materna) a vegades diu alguna expressió popular que jo no entenc, i li he demanar que me l'aclareixi.

Això que us explico passa en tots els idiomes, i us asseguro que també passa en japonès. De la llengua dels noticiaris de ràdio i televisió i que s'ensenya a les acadèmies, se'n diu generalment *llengua estàndard*, tot i que he llegit que en català a principi del segle XX se'n deia *llengua literària*. (Els japonesos ho fem una mica diferent. Tenim diversos registres segons la formalitat, i en cada registre es fan servir mots i expressions diferents. En japonès, l'equivalent del català *estàndard* es diu, mig en broma, *llengua de l'NHK*, que és la televisió pública. És com si els anglesos diguessin *la llengua de la BBC* i els catalans diguéssiu *la llengua de TV3*. Suposo que arreu deu haver-hi denominacions semblants, com el neerlandès estàndard vehiculat per la televisió, que difereix força del flamenc.)

Tornant al que ens ocupa: en el cas de *nano* ja he comprès que és un mot popular que normalment no surt a l'escriptura ni els noticiaris de la ràdio i la televisió. Però és que m'he trobat moltes altres paraules i expressions usuals que no acabo de veure per què es diuen ni quin significat exacte tenen. I no us podeu imaginar l'angoixa que em provoca trobar-me mots o expressions populars que no acabo d'entendre.

A casa tinc un exemplar del *Diccionari bàsic català-japonès japonès-català*, publicat per Enciclopèdia Catalana el 1984. Tanmateix, aquesta obra recull només les paraules més importants, però no pas el conjunt de mots del català; i, quan hi busco moltes de les paraules que he sentit i que desconec, la majoria de vegades no hi consten. Total: que aquest diccionari em serveix de ben poc.

És per això, benvolguts catalanoparlants, que us escric. Us demano que m'ajudeu a entendre el significat d'aquestes paraules i expressions o, com a mínim, que m'expliqueu per què es diuen, d'on venen i en quin context es fan servir. Moltes gràcies!

2. Coses a mig fer

Des que visc a Catalunya he comprovat que, per a molts catalans, el Barça és com una religió. I el que és pitjor: molts barcelonistes sempre tenen por de disputar partits i que es perdin. Però si la gràcia està a disputar-los posant-hi tota l'energia! Si després un perd, doncs què hi farem...

Tot just ahir va ser un mal dia per als barcelonistes. El Barça va perdre 0-1, amb un gol a les acaballes del partit.

A l'hora d'esmorzar, al bar de davant la nau (el bar Manolo), els companys de feina només parlaven del tema. Estaven atribolats: alguns qüestionen l'entrenador, perquè el Barça no va fer un bon partit, i altres critiquen l'àrbitre, que va ser estricte amb els blaugranes i lax amb els rivals.

Entre mos i mos, un diu:

—Jo ja ho veia vindre, que el Barça perdria! Tot el partit, els jugadors van fer-se el ronso!

Un altre de llengua materna castellana se suma a aquest judici:

—I tant! *Hay que joderse...*

Un altre respon (amb la boca plena):

—Jo també mig m'ho temia, que perdríem.

M'he quedat amb l'expressió *fer-se el ronso*. Crec que n'arribo a entreveure el significat, però vull confirmar-m'ho.

—Perdoneu —dic—, però ja sabeu que encara no domino prou el català. Això de *fer-se el ronso* vol dir 'gandulejar'?

Se'm queden mirant, estranyats perquè els he interromput un debat transcendental per a ells.

—Amb què surt, aquest, ara? —diu un.

—A veure, Hiroshi, *fer el ronso* no és ben bé 'gandulejar' —diu un altre—. Ve a ser 'no estar convençut de fer una feina, i per tant no fer-la bé'. No sé si m'explico.

I continuen debatent sobre el Barça i l'àrbrite. Un altre company de feina deixa anar aquest comentari:

—L'àrbit, aquell malparit!, mig va perdonar l'agresivitat dels altres. Fotien llenya, però l'àrbit els advertia i prou. Quina barra! Així clar que no guanyarem la lliga!

Em quedo amb les expressions *fotre llenya* i *quina barra*. Això de la llenya no sé ben bé a què ve. Que es porta llenya, als camps de futbol? On la posen? Qui la porta? D'on la treuen?

—Perdoneu —torno a interrompre—, què passa amb la llenya?

—La llenya són les garrotades que ens fotien —diu un altre.

—Tinc un rau-rau a dins —hi afegeix un altre—. Em temo que no guanyarem res, enguany!

Ara quasi se m'entravessa el mos d'entrepà. Un què? Un *rau-rau*?

—Això del *rau-rau* —torno a interrompre— què és? Un so que fa el ventre?

—*¡Qué pesa'o, este!* —contesta un altre, mig en castellà mig en català— Escorta, neng: aissò del *rau-rau* éss una intuïció negativa que no *se te va*!

La discussió prossegueix.

—La culpa és dels jugadors —sentencia un altre xicot.

—I ara! La culpa és de l'entrenador —respon un altre—. Cal fer alguna cosa. Si seguim aixins, la temporada se n'anirà a passeig! El president hauria de fer-hi alguna cosa!

Ho he entès bé? On diu que anirà a passejar, la temporada?

—Jo crec que el president també va mig adonar-se'n, que no guanyarem res, i que es deu estar rumiant de fotre fora l'entrenador. I hi estic d'acord: una coça al cul, li foteria!

I, amb aquesta conclusió que es pot considerar una aportació al pensament humà universal, s'ha acabat l'hora d'esmorzar i hem tornat a la feina. Però a mi m'ha quedat una cosa a dins (un *rau-rau*, que deia un company de feina). Com és que els meus companys diuen *jo també mig m'ho temia, mig va perdonar l'actitud dels altres* i *el president també va mig adonar-se'n*?

Si mal no recordo, a les classes de català em van explicar que *mig* significa 'la meitat', és a dir, '50%'. Es pot dir que un got està *mig ple*.

Per això no entenc aquestes frases. Mentre feinejo, no me les puc treure del cap, i hi dono voltes.

Quan un diu *mig m'ho temia*, vol dir que tenia la meitat de temença? Com es calcula, la temença? Els catalans tenen la capacitat de calibrar el grau de temença de les coses? He pogut comprovar que els catalans sou una mica rars; però tant com per poder mesurar amb exactitud el grau de temença... La segona frase encara és més estrambòtica: la meva interpretació és que el president del Barça s'ha adonat només fins a la meitat que cal fer fora l'entrenador. Però això no té lògica, que diguem.

Potser és que són accions que es queden a mig fer. Deu ser això. Un comença a témer que el Barça perdrà, però després veu que la seva temença és infundada i abandona tal idea. O el president del club comença a pensar que cal acomiadar l'entrenador, però després se'n desdiu. Segur? No és això el que es desprèn de les frases dels meus companys...

En tornant de l'esmorzar, he pujat a l'oficina. Tinc per aclarir uns papers amb na Queralt, l'administrativa. És una noia nerviüda, pèl-roja, amb el cabell ni llarg ni curt. És originària de Berga, tot i que ara viu a Igualada, d'on és el seu xicot —quan t'enamores ja ho té, això, que canvies de lloc de residència; què us he d'explicar, jo?

Pujar les escales se m'ha fet costós. La nit anterior, en Jordi, el meu fill, s'havia despertat tres cops i m'ha tocat estar per ell. Quan he arribat dalt a l'oficina, esbufegava. M'he assegut en una cadira i he dit:

—Buf! Tinc una figa a les cames...!

Les mirades que m'han adreçat els companys que hi havia a l'oficina m'ha fet notar que alguna cosa no l'he dita bé. Rumio una mica: on l'he espifiada? Després hi caic.

—Vull dir que em fan figa les cames —dic, segur que ara l'encerto.

Em miro de reüll els companys i veig que tots tornen als seus afers. Doncs potser sí que ara ho he dit bé.

M'alço, m'atanso a na Queralt i li dic en veu baixa:

—Pst! Tu saps per què es diu que una cosa *fa figa*?

—No ho sé, noi. Sempre s'ha dit així.

—Doncs no entenc per què s'ha de dir així. A mi em sembla més lògic *tenir figa a les cames...*

—Ja —diu, somrient, na Queralt—, això sí que ho tenim les dones, entre les cames, però no pas vosaltres els homes...

Llavors he entès que *figa* és una altra manera d'anomenar els genitals femenins. Mare meva! Quina patinada!

—I per què els genitals femenins també es diuen amb el nom d'una fruita? —interrogo.

—Ai, jo què sé, Hiroshi, es diu així i prou.

La resposta de na Queralt ha estat seca. Es nota que vol enllestir la feina, però podria ser també que se sentís molesta. Això un japonès no pot deixar-ho passar, per tant m'he de disculpar.

—Disculpa'm, Queralt, si t'he molestat.

—No m'has molestat.

La resposta ha estat novament seca. Sí que està molesta.

—Em sap greu.

Ella bufa i em respon:

—Mira, estic mig enfadada, però au va, no facis que m'enfadi del tot. Anem per feina.

Un altre ús d'un *mig* abans d'un verb.

Mentre na Queralt entra les dades a l'ordinador, em quedo rumiant sobre aquest *mig*. No acabo de copsar-ne el significat. Hauré d'esbrinar a veure què significa. Si no, avui no soparé a gust.

S'ha fet mitja tarda i tinc feina a la nau. Però no em trec del cap aquell *mig*.

Tinc una llibreta on m'apunto totes les paraules o expressions rares que sento. L'objectiu és, després, intentar trobar-ne informació. No només què signifiquen, que també, sinó d'on surten o per què es diuen.

He tret la llibreta per tal d'apuntar-hi les coses que he anat sentint a l'hora d'esmorzar (*fer-se el ronso*, *fotre llenya*, *quina barra*, *rau-rau*), incloent-hi aquest *mig* anteposat al verb. Quan veig la llista penso: caram, sí que s'ha fet llarga. Hi tinc apuntat tot això:

- *tocar el dos* (ho diuen quan se'n van, però no sé per què ho diuen amb un número; potser l'u és quan venen?)
- *anar a pams* (sembla que significa 'anar a poc a poc')
estar tocat de l'ala / estar tocat del bolet
- *fer un cop de cap* (ho he sentit quan decideixen aixecar-se de l'esmorzar per a anar a treballar)
- *d'esquitllentes / d'esquitllèbit* (la primera l'he sentida bastant a l'oficina, però a en David —l'informàtic— li he sentit dir la segona)
- *ser de nyigui-nyogui* (aquesta sembla clara: una cosa que s'aguanta ben just)
- *anar-se'n de l'olla* (sembla que *olla* vol dir 'cap')
- *deixar amb un pam de nas* (un altre cop *pam*)
- *retallar* (quan ho he sentit, m'ha semblant que volia dir 'malparlar d'algú' o 'criticar algú')
- *no estar bé del terrat* (sembla que *terrat* vol dir 'cap')
- *descobrir la sopa d'all* (apunt: buscar si algú va inventar la sopa d'all)
- *mirar de reüll* (què és un *reüll*?; té a veure amb *ull*?)
- *a tort i a dret* (sembla que vol dir 'per totes bandes')
- *sant tornem-hi* (hi ha un sant que es diu així?)

- *ser un somiatruites* (té cap significat que hom somiï truites?; cal mirar què deia Freud sobre això)
- *picar ferro fred* (sembla que vol dir 'fer una cosa inútil')
- *fer volar coloms*
- *l'os bertran* (sembla que significa 'peresa, ganduleria'; cal confirmar-ho, però cal consultar també un manual de fisiologia humana en català a veure si hi ha un os que es diu així)
- *engegar a dida algú, o a passeig, o a fregir espàrrecs, o a fer punyetes*
- *pescar (una cosa que ha dit un altre)* (sembla que vol dir 'entendre'; cal confirmar-ho)
- *forfollar* (quan un posa la mà en un lloc i hi busca coses; ho diu en Ton, el comercial de Tarragona)
- *fer una cosa d'estranquis* (qui era aquest Estranquis?)
- *pixapins* (sembla que és un tipus de persona)
- *ja ha begut oli*
- *para el carro!* (no hi ha cap carro per parar)
- *ser un perepunyetes*
- *matar el cuc* (dedueixo que és que un té gana i menja alguna cosa)
- *què s'hi cou?* (es diu quan passa alguna cosa, no hi ha cap procediment culinari)
- *aquest què s'empatolla?*
- *clapar* (sembla que significa 'dormir', cal confirmar-ho i esbrinar d'on ve aquest verb)
- *amb tots els ets i uts* (ja he buscat què és un *et* i què és un *ut* i no he trobat res)
- *anar (una cosa) a mal borràs*
- *fer una atzagaiada*

Doncs sí que és llarga. Si ara hi afegeixo aquest *mig*, l'únic que faré és acumular feina, i no me'n sortiré. He de mirar de treure'n l'entrellat...

Com que en aquell moment tenia feina amb el toro, hi he pujat i l'he engegat. He començat a traginar palets, mentre he anat pensant en el famós *mig*.

Vejam, comencem pel principi. Sé positivament que *mig* significa 'la meitat' i que sol anar anteposat a l'adjectiu. Per exemple, un got pot estar *mig ple* i un objecte pot estar *mig enterrat*. Fins aquí d'acord.

La quantitat de líquid que hi ha en un got es pot mesurar. Posem que, al got, hi caben 250 centilitres de líquid; si n'hi ha 125, el got està *mig ple* (o *mig buit*, si sou pessimistes). Anem a un objecte enterrat parcialment. Si l'objecte mesura 20 centímetres de llarg, i està enterrat 10 centímetres, està *mig enterrat*. En aquest segon cas, val a dir que, si l'objecte està enterrat 12 centímetres (i per tant també sobresurt 8 centímetres) també es pot dir que està *mig enterrat*. Aquí, el concepte de 'meitat' pot ser aproximatiu, no cal que estigui lligat al 50% estrictament.

—Hiroshi, no badis, home, que tindràs un accident amb el toro, si el fas anar d'aquesta manera!

—Perdó!

Quasi tombo uns quants palets; sort que l'Enrique m'ha avisat. Però és que no puc treure'm del cap això del mot *mig*. Per on anàvem? Ah sí: a banda de significa 'la meitat', *mig* també significa 'parcialment'. Així, es pot dir que un està *mig borratxo*.

En aquest cas, l'embriaguesa no es pot mesurar. Un està una mica borratxo, bastant borratxo, molt borratxo... però no ho podem quantificar. Els mossos d'esquadra, en un control de trànsit, quan et fan bufar, poden quantificar la quantitat d'alcohol que tens a la sang. Però, siguem realistes, a l'hora de la veritat la gent no quantifica l'embriaguesa. Per això ho diem de manera aproximada: *està bastant borratxo*. O, si voleu, *està mig borratxo*, que és com dir que un està borratxo però encara no prou. No sé si m'explico.

Per cert, ara que hi penso, se m'està a punt d'acabar el sake. N'hauré de comprar.

Tornem al nostre tema. Veig, doncs, que el mot *mig* pot agafar un aire aproximat. Ara entenc bé frases com *He recorregut mig món*. El protagoniste d'aquesta frase no ha recorregut exactament el 50% de la superfície del planeta Terra (encara que també podria ser, però és improbable). Quan un diu això, vol dir que ha estat en molts països. Pot ser menys de la meitat de països, però també pot ser més de la meitat de països...

Ara em venen al cap expressions com *a mig matí*. Algun cop l'he sentida quan hem hagut de quedar amb algun proveïdor o algun client. És clar! Volien dir a la meitat del matí, però no volien dir que fos exactament a les 11 (si el matí va de les 9 a la 1), sinó en un interval de temps prou ampli a l'entorn de les 11 i les 12.

Hem avançat, doncs. En efecte, veiem que *mig* pot tenir un valor aproximatiu, inquantificable. Per tant, *mig saber quelcom* deu ser que més o menys saps quelcom, però no del tot. Fantàstic! Ja ho tinc.

El que m'estranya, però, és que es pugui posar el mot *mig* abans d'un verb. Diria que una construcció com *mig saber* no l'he sentida mai.

Vejam, tornem a la gramàtica estricta. Espremem-nos el cervell. A les classes de català d'Osaka, van explicar-me que un mot que acompanya un adjectiu s'anomena adverbi. Generalment, quan un parla dels adverbis, el que ens ve al cap és que acompanyen verbs, per exemple *parlar malament*. També podem dir *parlar molt* i *parlar poc*. Però si els adverbis també acompanyen adjectius, i així es pot dir *molt ple*, *mig* ple i *poc ple*. Aquí, *molt*, *mig* i *poc* són adverbis. Ahahà! Ui, ha anat d'un pèl que no trabuco els palets que porto amb el toro.

Aleshores, a l'expressió *mig ple*, el mot *mig* també és un adverbi! Perfecte. Però no es diu *parlar mig*, o *saber mig*. Es diu, això? No, diria que no. Si *mig* és un adverbi, doncs, és un adverbi estrany. Atípic, si més no.

Anem per una altra via. Hem vist que, en les frases analitzades, *mig* va anteposat als verbs conjugats. Hi ha altres casos anàlegs? Ara recordo que, en la conversa sobre el Barça, un ha dit *malparit* referint-se a l'àrbitre. *Parir* és un verb: referit a una dona, significa 'treure el fill de la panxa' (*La dona va parir bessonada*, per exemple). Per tant, estrictament, *malparit* faria referència a una persona que va sortir malament de l'úter matern. Però no és això; ja he après que *malparit* és un insult.

Estructuralment, *mal* va anteposat a un verb. I *mal* és un adverbi. Fixeu-vos en aquesta frase: *això està mal muntat*, on *mal* és un adverbi (ho sé perquè a vegades ens passa, a l'empresa, que muntem malament les coses). I és clar: quan un infant es porta malament, diem que és... un *maleducat*! Ep? Però aquí s'escriu junt? Recordo que el professor de català d'Osaka va explicar-me que en principi hauria d'escriure's separat (*ser un mal educat*), però que els catalans ja ho percebien com un mot i per això ho escrivien junt... Però no passa res, també existeix... a veure, a veure, busquem més mots semblants... també existeix... ah!, *ser un malparlat*. I també hi ha el *malfuncionament* d'un aparell. I el terme *malestar*. I aquest sí que va junt de totes totes!

Ostres! I al costat de *malestar* hi ha... *benestar*! És clar, *ben* també és un adverbi que va anteposat als verbs. Diem *Ho has fet bé* però també *Ha fet ben fet*. (No sé per què a vegades surt la ena final i a vegades no. Però ja ho esbrinaré un altre dia, ara estic embalat amb això dels adverbis anteposats als verbs. No perdem el fil.)

A més de *benestar*, tenim les expressions *ben vist*, *ben retornat*... i recordo haver sentit fa temps *ser un ben parit*, que és un elogi. I una cosa que també es diu és *amb el benentès que...*, és a dir, que hom proposa que tots els interlocutors entenguin prèviament una cosa. I quan comencem un correu electrònic escrivim *benvolgut* o *benvolguda* abans del nom del destinatari. I també hi ha el mot *benvinguda*! Bravo, Hiroshi!

O sigui que *ben* i *mal* són adverbis que poden anar abans del verb. I per tant també *mig*. Ja ho tinc! *Mig* és un adverbi que pot anar anteposat al verb, com *ben* i *mal*. Vet aquí! No es diu *mig pensar* però sí *ho tinc mig pensat*.

Estic exultant! Dec ser el japonès que més coneix el funcionament de l'adverbi *mig* en català!

Bé, però encara em queden coses per aclarir. Per què alguns adverbis que van davant del verb s'escriuen junts i d'altres separats? No sé si en trauré l'entrellat...

I encara una altra cosa. En les frases que han dit els meus companys, hi ha una altra raresa que em crida l'atenció. Fixeu-vos-hi: diuen *jo també mig m'ho temia* i *el president també va mig adonar-se'n*. Si mirem bé *mig m'ho temia*, el mot *mig* apareix abans dels pronoms febles. En la segona frase, *va mig adonar-se'n*, el mot *mig* apareix entre el *va* i l'infinitiu. On ha d'anar, el mot *mig*? A tocar de l'infinitiu o lluny de l'infinitiu? Pot anar on li doni la gana? Sembla que sí. Podem concloure que el *mig* fa el que vol, a diferència de *ben* i *mal*, que sembla que estan més fixats.

Bé: per ser que sóc un japonès que he après català, he anat força lluny. Puc donar-me per satisfet.

En tot cas, encara em queda una cosa pendent. Els adverbis que van davant dels verbs no són gaires. Deuen tenir un terme específic. Estic excitat per com he avançat, així que la curiositat m'envaeix el cervell. D'una revolada, em trec el mòbil de la butxaca. Estic conduint un toro carregat de palets, però no passa res. Començo a buscar informació amb el mòbil mentre condueixo el toro. Com es diu aquest tipus de mots? Faig una cerca, poso al cercador *preverbal adverbs* en anglès, i em surten diverses resultats. En general són articles acadèmics de lingüística sobre diverses llengües. Vaig clicant. Veig un treball que explica que en la gramàtica grega d'això se'n diu *preverbis*. Anem bé. Llegeixo algun d'aquests textos i em trobo que, en grec clàssic, els preverbis van anar evolucionant i podien acabar esdevenint prefixos (sí, sí, com els prefixos actuals del català *re-*, *pre-*, *post-*, *des-*, etcètera). Aquest procés s'allargassa en el temps. Eureka! En català, *ben* i *mal* ha acabat esdevenint prefixos: *benvingut*, *benvolgut*, *benestar*, *malestar*, *malviure...* i això explica també per què els catalans perceben *maleducat* com un mot unificat (diferent de l'expressió *mal educat*, que voldria dir que no s'ha ensenyat bé les coses a un infant).

Si fem servir la terminologia del grec, el mot *mig* seria, doncs, un preverbi: però la seva conversió en prefix dedueixo que va més lenta en comparació amb *ben* i *mal*. Potser *ben* i *mal* anteposats al verb fa més temps que es diuen. Per això encara es pot dir *Mig m'ho temia*, al costat de *m'ho mig temia*; en la primera frase encara no es veu com un prefix, i en la segona frase el procés de conversió a prefix està més avançat. Això explicaria també *va mig adonar-se'n*: aquí es pot dir que ja és gairebé un prefix, mentre que a *mig va perdonar l'actitud dels altres* encara no s'usa com un sufix. Doble eureka! Ets el millor, Hiroshi! Quan ho expliqui a na Claudia...

Badabum! Acabo de fer caure per terra tots els palets que duia amb el toro.

3. En pic tarragoneges no deixes mai de fer-ho

Avui ens ha visitat en Ton, el comercial d'una empresa que munta retractiladores i empaquetadores. És alt i té els cabells blancs arrissats. És de Tarragona, i la seva empresa també ho és (més concretament, té la nau al polígon de Constantí). En Ton sempre mira de vendre'ns alguna màquina.

En Ton és un personatge curiós, almenys per a mi. És bon professional, en el sentit que sap vendre't qualsevol producte; però també és un bon vivant. I crec que aquest caràcter s'explica més per la procedència geogràfica que una altra cosa.

Mireu: la visió que tinc dels catalans és que sou gent responsable, emprenedora i seriosa; i que, quan cal fer una feina, us hi poseu amb fermesa i seriositat. Però, amb el temps que fa que visc a Catalunya, he vist que la gent del Camp de Tarragona (i ja en conec uns quants) són una mica més atranquil·lats que la resta de catalans. Perdoneu que m'inventi la paraula: és que no trobo la manera de dir-ho. No es pot afirmar que siguin deixats (perquè no és cert) ni dropos (tampoc és cert) ni poc seriosos o poc responsables (tampoc és això); però sí que van més tranquils en tot, com si fos més important el mig matí que tot el matí, com si l'horabaixa s'alentís i per tant poguessis estar-me més estona fent la feina... Això contrasta amb la manera de fer que he vist entre la gent d'altres zones. D'aquesta manera de fer en dic *tarragonejar*. He de reconèixer, però, que és un verb imprecís. Hi ha zones del Camp de Tarragona on no tarragonegen tant. Les quatre persones que conec de Reus, per exemple, ja són una mica més actius. I els dos que conec de Valls, encara més. Però, tot i amb això, encara arrosseguen una mica aquesta manera de fer.

Eh? Què dieu? Que això és sociologia d'estar per casa? Bé, teniu raó, ho reconec.

Jo he arribat tard a la reunió, perquè en Jordi té febre i m'he hagut de quedar a casa fins que ha arribat la mainadera, a la qual hem avisat amb molt poca antelació. Quan jo he entrat a la sala de reunions, en Ton, que ja hi era, m'ha mirat i m'ha dit:

—Mi-te'l! Ei, Hiroshi, m'han dit que tens el nen empiocat?

Ja hi som! Una altra paraula que no s'ensenya als cursos de català. Què vol dir *empiocat*? He de reconèixer que, si més no, en Ton ha tingut la delicadesa de no dir *nano*...

Com que no sabia què significa *empiocat*, he deixat anar (per tal de sortir del pas):

—Anar fent...

Ja sé que no significa res, però què volíeu que digués...

Mentre en Ton ens ensenyava el catàleg de la seva maquinària, he consultat amb el mòbil el diccionari de l'Institut d'Estudis Catalans. He teclejat *empiocat* i... res, m'ha dit que aquesta paraula no hi és. Calla, que segurament és un participi, hauré de posar-hi l'infinitiu. Teclejo *empiocar* i, ara sí, em surt *empiocar-se*. La definició, però, no m'ajuda gaire: "esdevenir pioc". I què significa *pioc*? L'exemple tampoc m'aclareix gaire res... Així que teclejo *pioc* al diccionari i em dona tres entrades. La primera fa referència a un ormeig de pesca: no crec que sigui això. La segona és sinònima de *gall dindi*. La tercera sembla la bona: la definició diu "defallit, malalt". Sí, és això. El mateix diccionari indica les construccions en què apareix aquest mot: *estar pioc* o *anar pioc*. Però la definició d'aquestes construccions torna a ser un malson: signifiquen "estar cloc-piu". I què caram és *cloc-piu*?

Deixo estar el tema, perquè no acabaria mai i m'estic perdent les explicacions d'en Ton. Ens parla d'una màquina empaquetadora nova. A mitja explicació em mira i em diu:

—Tinc entès que l'empaquetadora no us va gaire bé, que de tant en tant heu d'aturar-la per ap'riar-la.

On en Ton ha dit *ap'riar* és allò que els diccionaris escriuen *apariar*, un dels significats del qual és 'reparar'. Això ja ho he descobert, per tant cap problema. Inspiro i, amb aplom, dic:

—Sí. Aquesta màquina està cloc-piu.

Apa, perquè així vegi que domino la llengua.

Però per la manera com em miren en Ton i els meus companys de feina, m'adono que no l'he encertada.

—Tu sí que estàs cloc-i-piu —em diu, amb veu baixa i allargant les paraules, en David, el nostre informàtic, que prové del Priorat. Té el costum de dir les coses tal com raja, una cosa que per a un japonès (i fins i tot per a un anglès) sona duríssim; però els prioratins ja ho són, així.

Al cap d'un parell de segons, en Ton prossegueix:

—No m'estranya, 'queta màquina és un ferro.

Per què em diu que aquella màquina és de ferro, si ja ho sé, que és de ferro? En Ton continua:

—Tenim uns nous models d'empaquetadores molt bons. Aquest model, per exemple...

El tallo:

—No tens el manual d'aquesta màquina? Ho dic perquè així podríem estudiar-nos-el...

—No l'he portat, perquè és un totxo. Ja el buscaré per internet. Te passaré l'enllaç, perquè puguis consultâ'l a l'ordinador.

Altra vegada em quedo atònit. Què vol dir que un manual és un totxo? Jo tenia entès que els totxos servien per a construir cases...

Estic atordit, i mentre en Ton continua les seves explicacions a altres companys meus, surto de la sala. Entro al despatx d'administració, on hi ha na Queralt, l'administrativa.

—Queralt —li dic—, tu saps què vol dir en Ton quan diu que el manual és un totxo?

La noia no aixeca els ulls de la pantalla (amb les seves ulleres d'última moda) i, eficient com és, em diu:

—Que és curt.

—Curt? Què vols dir, que té poques pàgines?

—No, home: que aquest tal Manuel és curt. Un beneit. Un ximplet. Un poca-traça. Un ruc. Un sòmines. Un negat.

Necessito uns segons per a assimilar el que em diu. Quan m'adono que s'ha confós, hi torno:

—Perdona —li responc—, he dit *manual*, no pas *Manuel*.

—Ah! Perdona, no t'havia entès! —diu la Queralt, que continua amb la mirada eficientment fixada a la pantalla de l'ordinador— Doncs vol dir que el manual és molt gruixut.

—I per què no ha dit *gruixut*?

—Jo què sé! Demana-l'hi a ell!

Em quedo rumiant una estona i li deixo anar una altra pregunta que m'ha vingut al cap:

—I perdona un altre cop: quan dius que algú és curt, què vols dir? Baixet, tal vegada?

La Queralt atura la seva activitat i aixeca —ara sí— la mirada de l'ordinador, i em fita compassiva amb un lleu somriure a la cara, mentre em diu:

—Hiroshi, maco, ja descanses prou, a la nit?

Me'n torno a la sala de reunions encara més atordit. Avui ja he cobert amb escreix el topall de paraules incomprensibles que puc digerir. Però, en entrar a la sala, en Ton, que ja s'ha alçat, em diu:

—Hiroshi, t'enviaré per correu electrònic més informació sobre aquests productes. En pic s'ho hagueu mirat, me feu un truc, val, xato?

Au! Una altra vegada! Què vol dir *en pic*? Si no sé ni com s'escriu (*empic, anpic*?)!!!

Per a acabar-ho d'adobar, en Ton, mentre es posa la jaqueta per a marxar, em deixa anar:

—Hiroshi, xec!, ja sé que semblaré un torracollons perquè és el tercer camí que t'ho dic, però aviam quin dia baixeu tu i la dona (com es deia? Clara, no?), doncs baixeu tu la Clara amb la canalla a Tarragona, a tocar ferro! Quan vulgueu, anem a fotre's un tec de ca l'ample, que coneixo un lloc al Serrallo de tres parells d'ous.

Reconec que, si en aquell moment no m'ha agafat un atac de cor, no m'agafarà mai. Que li canviés el nom a na Claudia, passi. Però que calgués un manual d'instruccions per a entendre allò, ja era massa.

I mentre jo encara intentava desxifrar si menjaríem sis ous ferrats en un restaurant ample i on s'hi arriba per tres camins, en Ton ho remata picant-me l'ullet i dient:

—Val, nano?

Amén.

Bé: la màquina que no rutllava bé era l'empaquetadora. A la tarda, en David (l'informàtic), en Juanjo (el de manteniment) i jo la provàvem. Abans de comprar una màquina nova, havíem de mirar si el problema era solucionable.

El problema podia venir de dues fonts. La primera possible causa era el programa informàtic; de la mateixa manera que els programes instal·lats en ordinadors a la llarga poden funcionar malament, en aquestes màquines industrials també pot passar. La segona possible causa era que algunes peces anessin malament perquè estan gastades.

En David creia que el problema era mecànic (és a dir, de les peces), no pas informàtic.

—Segur que és alguna peça que no acaba d'anar fina. No crec que sigui el sòfguar —ens diu.

Quina mania que tenen els informàtics de dir *software* quan podrien dir *programa*! Sembla com si fos més guai dir-ho a l'anglesa. Ara: aquest deler per dir la paraula anglesa més recent o més exòtica no és exclusiu del poble català. Els italians ho fan moltíssim: vinga a agafar anglicismes, i els diuen sense ni tan sols adaptar-los fonèticament. Almenys, en portuguès, els pocs anglicismes que tenen els adapten fonèticament. I què dir dels japonesos! Nosaltres no podem dir res, tenim més anglicismes que dibuixants de manga. Fins i tot els russos, tradicionals competidors dels nord-americans, no es queden enrere incorporant anglicismes. A vegades, la pruïja per dir-ho tot a l'anglesa fa riure i tot. Els francesos, tant orgullosos ells de la seva pàtria i la seva llengua, i dolguts perquè l'anglès els ha passat la mà per la cara com a llengua internacional, són incapaços de dir *fin de semaine*, han de dir *weekend*. Qui ho entén, això?

El temps que ens ha tocat viure fa que duguem texans sense viure a Texas o vegem pel·lícules de Hollywood on surt en Schwarzenegger estomacant el personal; fins i tot que als japonesos ens apassioni el beisbol quan abans de la Segona Guerra Mundial ni sabíem què era. Què hi farem!

Però tornem a la màquina empaquetadora.

—N'estàs segur, que és un problema mecànic? —diu en Juanjo.

Els informàtics solen estar molt segurs de la seva feina.

—M'hi jugo un pèsol —respon en David.

Quina aposta més estranya! Si en Juanjo perd la juguesca, porta un pèsol i ja està? Els catalans dieu que els japonesos som rarots, però vosaltres no us quedeu curts...

En Juanjo es grata la barba i diu:

—Potser sí, que s'ha fet malbé alguna peça. Però si és així, trobo que triga a fer el ruc. De moment, tot va bé... A veure si ens estarem aquí tot el dia!

—Tranquil, home —respon en David—, que hi ha més dies que llangonisses!

Interpreto que *llangonissa* és la *llonganissa*, una menja típica dels catalans, i que ell ho diu així. El que no entenc és per què ens parla d'una llonganissa si estem parlant d'una màquina que no rutlla.

De sobte, la màquina comença a fer un nyic-nyic sospitós. Era un símptoma que el problema estava en alguna peça.

—Calla —diu en David—, sembla que ja ho tenim. Sort! Si no, mos hauríem estat tota la tarda aquí! Veam si trobem aquesta refotuda peça.

Aturem l'empaquetadora i mirem quines peces grinyolaven, cercant-les per allà on se sentia el nyic-nyic. En Juanjo palpa les peces.

—Ont ets, malparida? —anava murmurant en Juanjo, mentre anava palpant.

Trobo que això d'insultar una peça (que si *refotuda*, que si *malparida*) no ens fa avançar. Al Japó som tan respectuosos que fins i tot respectem les peces. Som tan primmirats que, en una cadena de muntatge, cadascú vetlla al seu lloc de treball perquè tot vagi com toca. En canvi, vosaltres els catalans insulteu les peces de la maquinària. No m'estranya que després s'espatllin!

Finalment, en Juanjo ho troba.

—Hi han diverses peces fetes caldo, aquí dins —diu en Juanjo —. Potser repassant-les podrem fer que aguantin un parell de setmanes més. Ara: això només és un pedaç, un dia o altre tocarà canviar la màquina, em temo.

Com es pot fer caldo, una peça? No em sé imaginar com una peça sòlida pot esdevenir líquida. Quina expressió més estranya!

En David fa un espetec amb la boca i deixa anar:

—Està clar. En pic desgavellada, fora i una de nova.

Vaja, un altre cop l'*empic* —o com s'hagi d'escriure. Ja us he dit que en David és del Priorat, i el Priorat no queda gaire lluny de Tarragona. Per tant, allà es deu dir amb una certa freqüència aquest *empic*.

—oOo—

Mentre en David se'n va, penso que hauria d'esbrinar què és això d'*empic*. D'on surt? Què vol dir? Contra tot el que aconsellen les polítiques empresarials, per a mi passa a ser més important l'*empic* que arreglar l'empaquetadora.

Vejam: suposem que és una expressió que conté el mot *pic*. Podem començar per aquí.

Què significa *pic*? Tothom entendria l'eina manual que serveix per a picar al terra. Però deu tenir altres significats. Hauré de mirar un diccionari. Agafo el mòbil i consulto el diccionari de l'Institut d'Estudis Catalans. Hi cerco el mot *pic* i... comencem bé: hi ha tres mots *pic*. El darrer no ens interessa, ja que fa referència a una planta. El primer és el que jo us deia: una eina per a picar. En aquest article hi ha altres significats relacionats, com 'cim d'una muntanya'. Em fixo en la locució *a pic* 'verticalment', amb aquest exemple: *Un camí que puja a pic*. Podria ser això? Diria que no.

Miro el segon mot *pic*. Aquest sembla una mica més interessant. La definició és "Cop donat a la porta amb el picaporta, a la campana amb el batall". I els exemples: *Tres pics i repicó. Un pic de campana*. No hem avançat gaire. Altres significats que hi ha en aquest article: "Vegada". O sigui que *pic* pot ser sinònim de *vegada*. Vejam els exemples: *Hi ha anat tres pics i mai no l'ha trobat*. Després hi ha un tercer significat: "Moment de la màxima intensitat d'una cosa". Exemples: *El pic del sol* i *Al pic del batre*. El diccionari aporta encara altres sentits, com una marca en forma de punt que pot deixar una ploma.

Em desanimo. Potser el diccionari no és l'eina que necessito. O potser aquest diccionari no acaba de donar-me la informació que necessito. Recordo que hi ha un altre diccionari català a internet: el d'Enciclopèdia Catalana. El busco amb el mòbil. Així que hi accedeixo, torno a demanar *pic*. Aquest cop ofereix dos mots *pic*. Em trobo, però, que les definicions són pràcticament les mateixes que a l'Institut d'Estudis Catalans. Això em desinfla, però de sobte hi veig una diferència substancial: allà on ha de remetre a *vegada*, ara hi ha escrit "Cop, vegada". L'exemple és el mateix que el diccionari de l'Institut d'Estudis Catalans.

Em quedo amb aquest detall: "Cop, vegada". Certament, *cop* significa 'contacte violent entre dues coses'. Per exemple, em puc donar un cop al cap amb un prestatge. Però a Osaka no tan sols van ensenyar-me aquest sentit, sinó que també van ensenyar-me que *cop* era sinònim de *vegada*. Per exemple, si diem *Quantes vegades t'ha tocat la loteria?*, també podem dir *Quants cops t'ha tocat la loteria?* Si diem *Una vegada vaig menjar una serp*, també podem dir *Un cop vaig menjar una serp*. Si diem *No pugeu tots d'una vegada*, també podem dir *No pugeu tots d'un cop*. I si diem *A vegades sopem a la terrassa* (o *De vegades sopem a la terrassa*), també podem dir *A cops sopem a la terrassa*. Sí: en català es pot dir una cosa o l'altra.

Per tant... Si es pot dir *Una vegada hagis arribat, truca'm*, també es pot dir *Un cop hagis arribat, truca'm*. Sí, això també es diu.

Després he recordat una altra cosa. Fa temps vaig coincidir amb un mallorquí a Barcelona. L'home, parlant dels seus cosins que estaven venint cap a Barcelona, va dir *Arribaran tots d'un pic*. Volia dir tots a la vegada. Això, un barceloní ho diria *Arribaran tots d'un cop*. Per tant, efectivament *pic* també significa *cop*, almenys a Mallorca.

Així doncs, si *pic* és sinònim de *cop* quan aquest és sinònim de *vegada*... en teoria també es pot dir *Quants pics t'ha tocat la loteria?* I, si es pot dir *Un cop vaig menjar una serp,* també es pot dir *Un pic vaig menjar una serp.* Fem una cerca a internet a veure si trobem aquesta expressió. Hi cerco *un pic vaig* i sí, em surten exemples com *Un pic vaig anar a caçar de vesprada* o *només un pic vaig gosar exercir el meu dret.* Fantàstic! Prosseguim: també hauríem de poder dir *A pics sopem a la terrassa.* Nova cerca al Google i sí: em surten alguns exemples, com aquests: *a pics en sortien trossos de plàstic* o *a pics sembla que al consell hi ha més d'un departament.*

I llavors ho he vist clar: si es pot dir *Una vegada hagis arribat, truca'm* i *Un cop hagis arribat, truca'm,* per aquesta regla de tres s'ha de poder dir *Un pic hagis arribat, truca'm.*

Sí!!! És això!!!

Però, alerta! En Ton i en David han dit *en pic* (tots dos!), no pas *un pic.* En Ton ha dit *En pic s'ho hagueu mirat,* i en David *En pic desgavellada, fora.* Repassem-ho, això.

Es podria dir *un pic,* en les frases d'en Ton i d'en David? Sí, clarament. Jo diria *Un cop us ho hàgiu mirat.* I, a la segona frase, jo diria *Un cop esgavellada, fora.* Hi esteu d'acord, no?

A partir d'aquí, un mallorquí podria dir *Un pic us ho hàgiu mirat* i *Un pic esgavellada, fora.*

Tinc clar, doncs, que en les frases d'en Ton i d'en David hi ha amagada la forma *un pic.* El que no sé és per què l'article *un* ha canviat a *en.* Com s'explica, això? Potser hi ha hagut interferències de construccions semblants. Per exemple, *en sec.* Potser al Camp de Tarragona i comarques de l'entorn s'ha canviat *un pic* per *en pic.* Quin canvi més curiós!

Em queda una cosa: com és que *pic* i *cop* (que en principi signifiquen 'topada violenta') han passat a significar també 'vegada'? Ja veieu que d'un misteri passo a un altre...

Hi ha cap frase on *cop* i *pic* en el seu sentit recte puguin relacionar-se semànticament amb *vegada*? Potser sí. Vejam: un home es planta davant d'una porta i truca —o pica— tres vegades amb el puny. Què ha fet aquell home? En realitat ha fet tres cops o pics. La gent que hi ha dins la casa pot dir: *Algú ha fet tres cops* (o *tres pics*). Però també es pot dir: *Algú ha trucat tres cops* (o *tres pics*). Sí, perquè *trucar* vol dir 'pegar cops a la porta' (encara que després ho hàgim aplicat a timbres i també a telèfons). A partir d'aquí, *cop* i *pic* poden veure's com a sinònims de *vegada*.

Ja ho tinc! Que bo que soc! Quan ho expliqui a la meva dona al·lucinarà. Bé, no, que a na Claudia aquestes dèries meves sobre la llengua l'avorreixen...

Quant al dinar que teníem pendent, finalment na Claudia i jo vam anar —amb en Jordi— a dinar al Serrallo, el barri pescador de Tarragona, en companyia d'en Ton, la seva muller i llur prole. La veritat és que tot era molt bo. Al final, en Ton, amb la boca encara plena, va alçar la mà dreta i va fer un cercle amb els dits índex i gros. Quan va haver-se empassat el que tenia a la boca, va dir:

—Xec, un dinar de nassos!

Un dinar de nassos? Hem menjat nassos?

4. Els reptes, de cara

Un dia, quan faltava poc per a plegar, m'estava barallant amb l'expressió *sopar de duro*. L'havia sentida a en Pere, el comptable —un home amb poc cabell, i els pocs que té blancs, però amb cara jovial—, que havia dit:

—Els de la companyia telefònica, el mes passat ens van cobrar de més. Vaig dî'lsi que ens ho havien de retornar, i van donar-me excuses de mal pagador: que si un problema tècnic, que si no depenia d'ells... vaja, sopars de duro!

Primer vaig pensar que un *duro* devia ser un plat (jo què sé: per exemple un peix), però quan vaig buscar-lo al diccionari vaig veure que era una antiga moneda que tenia un valor de cinc pessetes. La pesseta és la moneda que es feia servir als segles XIX i XX, avui extinta. La primera pregunta és per què en Pere feia referència a una moneda desapareguda. Però hi ha una altra cosa que em neguitejava: representa que un *sopar de duro* és un sopar que volia un duro, i ja està; però el sentit de la frase permetia deduir que *sopar de duro* és una explicació que no se la creu ningú. Quina frase més rara!

De cop i volta, m'apareix en Brauli, el noi que tenim a l'entrada de la nau i que recepciona tot el que ens arriba.

—Hiroshi, ha vingut el nano de RegalTot i ha dut això per a tu.

Quina mania de dir *nano*! Es refereix a un noi que ve de tant en tant a portar-nos coses de RegalTot. Obro el paquet i hi ha una memòria externa d'ordinador. La connecto al meu portàtil. Són les instruccions per a un enviament que hem de fer demà al matí a primera hora. El material ja el tenim a la furgoneta, però ens faltava saber on s'havia de portar. Aquesta informació no ens l'envien per correu electrònic perquè tenen por del pirateig informàtic (fa temps van tenir un ensurt: els van interceptar un enviament d'informació on hi havia dades de centenars de persones). Ho porten físicament, doncs.

En Brauli, que s'està esperant dret, em diu:

—Què li dic, al nano, Hiroshi?

Aquest Brauli sembla que ho faci expressament.

—Digue-li que ho preparem avui mateix i que demà al matí sortirà la tramesa.

De fet, ja ho teníem dins la furgoneta.

—Entesos, ara mateix l'hi dic —em respon en Brauli.

He dit que m'enfado si sento el mot *nano*, però en català teniu altres maneres de dir que també em treuen de polleguera. Per exemple, quan es presenta algú a la nau, ja sigui un client, ja sigui un proveïdor, si és desconegut els treballadors pot ser que l'esmentin com a *tio*. He comprovat que, quan ho fan servir, sol ser amb voluntat despectiva; però no sempre té un matís despectiu. Si apareix una noia, és molt freqüent sentir dir *tia*, que no sé entreveure si hi ha un deix de despectivitat o no. I hi ha altres mots. Una vegada vaig sentir dir a en David l'informàtic (que, recordeu, és del Priorat) aquesta frase:

—Mecagon! Aquest paio ens la vol fotre.

Es referia a un informàtic que s'oferia a fer el manteniment dels ordinadors de l'empresa. A parer d'en David, el preu que demanava era abusiu. Quan ja havia donat la seva opinió, vaig poder parlar-hi amb ell a banda.

—David, quan dius *fotre*, vols dir que vol col·locar-nos un producte, no?

—No, no, vull dir que ens aixeca la camisa.

—Però *fotre* no vol dir 'posar'? Per exemple, *fotre una cosa dins una caixa*.

—Sí, *fotre* vol dir això, però també vol dir que ens aixeca la camisa.

—I què busca, sota la camisa?

En David em mira i es carrega de paciència.

—Sí, home —em diu—, ens presenta un pressupost desorbitat i es queda tan ample.

—Ample, dius? Què vols dir? Que quan un pressupost és abusiu, en català popular es diu que és *ample*?

En David em torna a mirar, ara ja sense paciència. Ha decidit no explicar-me res més de llengua, perquè anem de mal en pitjor. Així que decideix tornar a les crítiques al pressupost:

—Estic segur que si li demanem que ens detalli bé el pressupost, ne sortirà un bluf! Doncs que s'hi posi fulles! Aquest pressupost dels nassos no s'aguanta per enlloc! On s'és vist?

Per què diu que hi ha un pressupost fet de nassos? I on s'han de posar les fulles?

La veritat és que aquella conversa empitjorava a cada frase. Quin desori! He decidit tancar el tema i preguntar-li pel mot *paio*, a veure si em dona clarícies sobre l'ús d'aquest mot.

—Escolta, David, quan l'has anomenat *paio*, és perquè no t'agrada?

—Més o menys.

—I també dius *paio* si no hi ha cap valoració negativa per part teva?

Rumia una mica, i diu:

—Sí, també puc dir *paio* si no hi ha res negatiu.

Ahà! Acabo de comprovar que *paio* funciona igual que *tio*. Hi insisteixo:

—I quan crides algú? A vegades sento que us dieu *tio*.

—Hum... no, *paio* no l'uso per a cridar algú... Però... ara que ho dius, al meu poble podem dir-ho d'una altra manera, si hem de cridar algú.

—Ah, sí? De quin poble ets?

—De Marçà.

—I què dieu, quan voleu cridar algú?

—Allà diem *mano*.

—Oh! I es diu molt?

—No. Només es diu a Marçà. Fixa't: Capçanes és un poble que està a quatre quilòmetres de Marçà, i en comptes de dir *mano* diuen *teto*.

Tio, paio, mano, teto... Ja sou reconsagrats, els catalans! Com més busco informació sobre un mot, més mots rars em surten. Sembla que a cada poble tinguin un mot...! Així no acabarem mai! Això és sortir del foc per a caure a les brases!

Tornem al repartiment de RegalTot. Cal fer-lo demà a primera hora. Així que crido na Sabrina, la noia eixerida de la planta. Té els cabells rinxolats i negres, i és un nervi. És del

Prat de Llobregat. Serà qui farà el repartiment demà. La veig a l'altra punta de la nau, per això la crido en veu alta:

—Sabrina, pots venir un moment?

—Ja va!

Ràpidament es presenta on sóc.

—Què vols, Hiro?

És l'única que em diu *Hiro* en comptes de *Hiroshi*. Això d'escurçar noms de persones ho trobo una falta de respecte, us seré franc. Jo no l'anomeno pas *Sabri*! Però sóc conscient que és una cosa que es fa arreu. Ho fan els anglesos (a un tal *Joseph* l'anomenen *Joe*, a un tal *Richard* l'anomenen *Dick* o *Rick*), ho fan els francesos (a una tal *Margueritte* l'anomenen *Margot* o *Margotte*) i ho fan els espanyols (a un tal *José* l'anomenen *Pepe*, a un tal *Ignacio* l'anomenen *Nacho*, a una tal *Manuela* l'anomenen *Lola*, a una tal *Antonia* l'anomenen *Toñi*, a un tal *Francisco* l'anomenen *Paco*, a una tal *Mercedes* l'anomenen *Merche*)... També, doncs, ho feu els catalans.

Ara: na Sabrina té una gràcia enorme a l'hora d'escurçar noms de persona. Si hi hagués un premi a l'escurçament de noms de pila, ella el guanyaria. No només diu *Pep* a en Josep, *Toni* a n'Antoni, *Biel* a en Gabriel i *Moha* a en Mohammed (això també ho diuen tots els altres), sinó que a en David (l'informàtic) li diu *Vidi*, a en Brauli (el noi de la recepció) li diu *Bali*, a na Maria Jesús (una altra repartidora) li diu *Meius*, a na Cristina (la guàrdia de seguretat vigila el polígon els caps de setmana) li diu *Isteta* (i no *Cristi*, com seria esperable), a na Georgina (una noia d'administració) li diu *Jojo*, a na Manuela (una altra repartidora) li diu *Nela* i a na Carolina (la noia de compres) li diu *Cariló*. No em negareu que té traça.

Però no ens desviem. Tinc na Sabrina davant i li dic:

—Sabrina, sisplau, pots preparar la furgoneta per als de RegalTot? Demà faràs tu el repartiment.

—Oquei. Després, quan falti poc per plegar, deixaré la furgoneta cara la porta i així, demà a primera hora, ja la tindré a punt i aniré de pet a repartir.

—D'acord, però no condueixis com una boja, que no volem que ens arribi una multa per culpa teva, com l'altra vegada...!

—Tranquil, home, tranquil, que aniré xino-xano. Jo, ja ho saps, narinan.

—I tampoc vull que tinguis cap accident!

—No pateixis, home...! No aniré pas a cal Saio, amb aquesta tartana!

Na Sabrina és una mina per als amants del català com jo. En mig minut ha dit *xino-xano, narinan* i *anar a cal Saio.*

La primera expressió, *xino-xano* (que a vegades es diu *xano-xano*) és de les que més gràcia em va fer quan vaig sentir-la per primer cop. No cal dir que em va encuriosir. Primer vaig haver de descobrir què significava. Pel context en què la sentia, vaig deduir que volia dir 'lentament'. Però no és un 'lentament' de parsimònia, no!, és un 'lentament' d'anar fent.

Després volia saber d'on procedia aquesta expressió. Per això vaig anar a consultar un diccionari etimològic català (al barri on visc tenim una biblioteca gran i maca). Primer pensava que estava relacionada amb el mot *xino*, com si els catalans penséssiu que els xinesos caminaven lents. Però es veu que no: aquesta expressió ve de l'italià. En aquesta llengua tenen el mot *piano*, que significa moltes coses: 'pla', 'planta d'un edifici', 'instrument de música que funciona amb tecles blanques i negres' (en català vau agafar tal qual el mot italià) i, també, 'lent'. Una frase feta italiana que coneix molta gent és

Piano, piano, si arriva lontano 'lentament, lentament, s'arriba lluny'. L'equivalent català seria *De mica en mica s'omple la pica*, tot i que a mi m'abelleix més *Poc a poc i bona lletra* —ja sabeu que soc japonès—. A partir de dir *piano piano* en italià en el sentit d'anar 'lentament', en català vau agafar-ho, però vau refer les paraules. Hauria de dir que amb molt poc respecte per l'expressió original; però ja he après que, si per a un japonès el respecte és molt important, per als mediterranis no ho és tant.

L'altra cosa que ha dit na Sabrina és *narinan* —confesso que no sé com escriure-ho—. És també d'aquelles coses boniques que teniu en català. De seguida vaig descobrir que era *Anar-hi anant* (a vegades dieu *'Nem!* en comptes d'*Anem!*, sovint us mengeu aquesta *a* inicial). Com que ho dieu tan de pressa, al final ha quedat en *narinan*. Sembla una sirena d'una ambulància, però no, és un altre anar fent.

I, finalment, *anar a cal Saio*. En aquesta sí que vaig perdut. Primer he pensat que *Saio* era algú, i que na Sabrina li havia retallat el nom d'aquella manera que fa ella. Però quin nom? Salvador? Salomó? Cèlio? Samsó? Sadurní? Saül? Santiago? Samuel?

—Perdona, Sabrina —li dic—, on dius que no aniràs? A cal Saio? Qui és, aquest?

Na Sabrina em mira rient per sota el nas.

—Quan dic *anar a cal Saio*, vull dir anar a l'altre barri!

Encara estic més perdut. Li pregunto:

—Però a quin barri has d'anar? Que no tens la ruta fixada, ja?

I na Sabrina esclata a riure.

—Hiro, home, *anar a cal Saio* significa morir, palmar-la, dinyar-la, anar al canyet, estirar la pota!

—Ah! Doncs no ho havia sentit mai...

—Al meu poble, el Prat, ho diem molt —em confessa.

—I per què ho dieu així?

—Antigament, al costat del cementiri del Prat, hi havia una masia que es deia cal Saio. Per això.

—Ah sí? I saps si es diu enlloc més?

Na Sabrina rumia una mica i em respon:

—Doncs mira, ara que ho dius, diria que als pobles de la vora no ho he sentit mai. Deu ser una cosa pratenca.

Ja veieu que de cada frase en trec suc. Potser si fos català nadiu no hauria fet cas de la frase *anar a cal Saio*, hauria pensat que és una raresa del parlar de na Sabrina i ja està.

—Gràcies per la informació —responc a na Sabrina—. I tornant al repartiment de demà, no t'oblidis de programar la ruta al navegador de la furgoneta.

—Collons, Hiro, a mi no em cal cap navegador. Sé moure'm per aquestes carreteres de Déu i puc arribar a qualsevol lloc, ni que sigui al cul del món.

—Ja, ja, però fes-ho igualment. Ja saps que és política de l'empresa...

Tots els repartidors programen la ruta al navegador, encara que generalment només l'han de menester quan han de fer cap a un indret que no coneixen. Des de l'empresa obliguem els repartidors a programar totes les rutes al navegador del vehicle, perquè llavors, un cop han fet el trajecte, la ruta programada i la ruta feta realment s'emmagatzemen en un servidor (a través del GPS del vehicle memoritzem totes les rutes fetes). Les dades recollides són processades per un programa informàtic i això permet, més endavant, optimitzar encara més una ruta, amb vista al futur.

Quan na Sabrina ha girat cua, he repescat una cosa que na Sabrina ha dit abans. Ha dit que posaria la furgoneta *cara la porta*. Per què ho ha dit, això? La cara és la cara de les persones, és a dir, la part frontal del cap. La furgoneta no té cara. O potser és que a la part davantera de la furgoneta en català també se'n diu *cara*? Bé us referiu a vegades als *peus del llit*? No ho he sentit mai, però ves a saber.

Abans que s'allunyi del tot, la crido i li dic:

—Sabrina! Recorda't també de mirar la previsió meteorològica del temps per a demà! Em sembla recordar que han dit que potser plourà. I ja saps que, quan plou, les carreteres van més plenes i tot s'embussa més, i llavors trigaràs més a fer el repartiment.

Na Sabrina es gira i respon:

—No pateixis, recony, que cara a demà no crec que plogui!

Ostres! Un altre *cara* que no sé com agafar.

—Com ho saps? —li demano.

Em respon sense ni girar-se:

—Hosti meta, Hiro, que aquests nanos dels temps sempre fan llufa!

Haurien de prohibir el *nano*, ja us ho diré. És una plaga.

Al vespre, a casa, mentre feia el sopar —res, una truita doblegada—, no parava de donar tombs al que havia dit na Sabrina. Hem sopat, hem mirat una estona la tele i a dormir. Però se m'ha fet quarts de dues de la matinada i encara estava desvetllat.

Per què na Sabrina ha dit *fotré la furgoneta cara la porta* i *cara a demà no crec que plogui?*

M'he llevat, i he deixat na Claudia dormint al llit. He anat fins a la sala i, mig a les fosques, he començat a donar voltes per l'estança. Quan estudiava català a Osaka, vaig aprendre que la *cara* és la part frontal del cap de les persones. També em van ensenyar que aquest mot podia aplicar-se a les parts frontals d'altres coses o a superfícies, per exemple *la cara interna d'una paret.* Però no és aquest l'ús amb què l'havia fet servir na Sabrina.

Però per què na Sabrina ha donat al mot *cara* amb aquest ús tan estrany? Això no ho escriu ni en Quim Monzó!

Necessito calmar-me. Si em calmo potser hi veuré més clar. M'ajec al sofà i, tot estirat, veig el sostre, en la penombra. I començo a rumiar-hi.

Jo —que he après català en una universitat japonesa—, què hauria dit en aquestes frases? Segurament hauria dit l'expressió *de cara a:* així, *deixaré* (jo no diria *fotré*) *la furgoneta de cara a la porta;* i també *de cara a demà no crec que plogui.* Sí, és això. Però, per què na Sabrina ho ha dit més curt, sense preposicions? Deixadesa a l'hora de parlar? Home, na Sabrina no és un exemple d'oratòria acadèmica (diu renecs com qui beu un got d'aigua: aproximadament el 10% del seu vocabulari són paraulotes), però, d'aquí a considerar-ho deixadesa en la parla, hi ha un bon tros. No sé si és això, doncs.

Tot i l'hora que és, fora al carrer ha passat un cotxe. Els seus llums s'han reflectit movent-se pel sostre. Jo ho he vist perquè estic estirat. Estic posat cara amunt. Quan estàs cara amunt, les coses es veuen diferent. Sembla com si...

Un moment! M'he incorporat sobtadament i ara estic assegut al sofà. Què he dit? Que estava *cara amunt*. Ep! Aquí l'ús del mot *cara* s'assembla al que ha dit na Sabrina.

El cor se m'accelera. Sí, sé del cert que es diu *estar cara amunt* i *estar cara avall*. Com també es diu *estar cap amunt* i *estar cap avall*. Em sembla recordar que això en castellà es diu amb la paraula *boca: estar boca arriba, poner boca abajo*. Ho vaig sentir dir un cop a un dels companys de feina, en Santiago. (I per què en castellà posen la paraula *boca*, si és només una part de la cara? Però millor que no em capfiqui ara en aquest altre assumpte, o no acabarem mai.)

Torno al tema. Quan un es posa mirant el terra o el cel, es diu tant *cara amunt* i *cara avall* com *cap amunt* i *cap avall*. Això... ho trobem en altres contextos? Vegem-ho. Quan un diu *anar cap amunt* vol dir 'anar en direcció a un lloc més elevat'. Es pot dir *anar cara amunt*? No ho sé. Demà al matí podria preguntar-ho a na Sabrina.

I què tenen en comú *cara* i *cap*? Vejam: tots dos designen una part molt concreta del cos humà: la part superior, on hi tenim el cervell, ulls, orelles, nas i boca. La cara és una part del cap, però en tot cas n'és la part més rellevant, si t'ho mires fredament. (El castellà *boca* encaixa amb això que diem.)

Pot ser casualitat que dos noms que designen el mateix objecte (o quasi), *cap* i *cara*, acabin funcionant tots dos amb un ús rar (que encara no sé definir)? Segur que no és casualitat.

Vejam: analitzem el comportament del mot *cap*, que el conec millor. Designa la part superior del cos humà (sinònim: *testa*). Aquí és un nom, doncs.

També és una preposició per a indica la destinació: *Me'n vaig cap a casa*; *Vaig cap a Lleida*. Això també es pot dir amb *a* sola: *Me'n vaig a casa*; *Vaig a Lleida*. A vegades sona més bé així, a vegades sona més bé aixà. El cas, però, és que *cap* és una preposició. O funciona com una preposició.

Per tant: *cap* és un nom que ha passat a usar-se com a preposició indicant 'destinació'.

I com ha sigut, aquest procés?

Crec que la clau de volta es troba en les expressions *estar cap amunt* i *estar cap avall*. M'atreveixo a dir que aquestes frases són a mig camí dels dos usos. Sí! Podem dir que algú *té el cap amunt* o *té el cap avall*. Per exemple, quan jo estava estirat al sofà, *tenia el cap amunt*, que seria com dir que *tenia la testa amunt* (mirant amunt, s'entén). Aquí, *cap* funciona com a nom. A partir d'aquí, es crea l'expressió *estar cap amunt* i *estar cap avall*. Ara, el mot *cap* pot interpretar-se encara com un nom (com en les frases anteriors) però també pot interpretar-se com una preposició.

Exacte! I, a partir d'aquí, sorgiria la possibilitat de dir frases com *anar cap amunt* i *anar cap avall*. Aquí, *cap* ja és actua com a preposició.

He resolt la mutació que ha experimentat el mot *cap*. Però, i *cara*? Pot haver fet un camí semblant? Vejam, vejam... na Sabrina ha dit *fotré la furgoneta cara la porta*. I jo hauria dit *deixaré la furgoneta de cara a la porta*. Poso en correlació *cara* sol amb l'expressió *de cara a*.

Amb *cap* això també es pot fer en algun cas: *Va anar de cap a la paret*. Generalment es diu quan algú hi topa, per tant no és sinònim ben bé de *Va anar cap a la paret*, on no es pressuposa una topada. Però ja em serveix.

Potser sí que, a partir de l'expressió *estar cara amunt*, el mot *cara* pot adoptar un ús com de preposició (tal com ha fet *cap*).

Seguim: se sol dir *posar quelcom de cara a la paret* o *de cara a la finestra*. Es pot dir *posar quelcom cara la paret* i *cara la finestra*? Ràpid agafo el mòbil. Faig una cerca per internet. I sí, em surten diversos exemples en webs i blogs diversos. Ahà! Ja ho tinc!

Ara entenc per què na Sabrina deia que posaria la furgoneta *cara la porta*! En el seu parlar, *cara* ja actua com a preposició. I com és possible? Doncs igual que un bon dia *cap* va passar a usar-se com una preposició, i per això els catalans diuen *anar cap a un lloc*. Potser d'aquí a uns quants anys, en català es dirà *anar cara a un lloc*. Qui sap.

Que bo que soc! M'hauran de donar el premi Nobel de Lingüística! Ai no, que no existeix...

Molt bé, Hiroshi, ara que ho has resolt, au, a dormir. Aniré de cap al llit. Sé que aquesta expressió (*anar de cap a un lloc*) significa 'anar-hi directament'. Però... per què *de cap* significa 'directament'?

Ja m'he tornat a desvetllar.

5. Poc ens ho pensàvem!

Aquest estiu he anat amb na Claudia i en Jordi a passar uns dies a la Garrotxa. Hem sojornat a Santa Pau, en un apartament turístic dins una casa del poble, i hi hem estat molt bé. La Garrotxa és un país maquíssim, us recomano que hi aneu.

A partir de la meva estada a la Garrotxa, he comprovat que la gent de les comarques gironines —la gent *d'allà dalt*, que es diu popularment— és molt atenta. Moltíssim. Ara bé: això no vol dir d'entrada que puguis tenir-hi confiances. Al principi mantenen una certa distància. La seva confiança te la guanyes quan fa estona que hi tractes, i veuen com ets. Llavors, al cap d'una estona, és quan comences a tenir-hi confiances. En això són una mica com nosaltres els japonesos, i per això, a la Garrotxa, m'hi he sentit com a casa.

(Sí, ja m'ho heu dit, que això és sociologia d'estar per casa. Però és que m'agrada. Què voleu que hi faci!)

En la casa turística hi havia diversos apartaments. Tots estaven ocupats. Per això, a la piscina coberta ens trobàvem amb gent d'altres llocs que feien estada en aquella casa: una parella sense fills de Barcelona, una família amb tres fills de Tremp (a l'altra punta del Pirineu català, com qui diu), una parella joveníssima de Banyoles i un grup d'amics de Vic, tots de mitjana edat i amb canalla.

Un dia, quan fèiem petar la xerrada a la piscina, van aparèixer un home i una dona, casats. Eren els propietaris dels apartaments turístics. Van entrar a la caseta on hi ha els estris de tenir cura de la piscina. Ell volia donar un aparell a ella, vaig interpretar que amb l'ànim que la dona el fes anar —potser se n'encarregava l'home i, pel que fos, la següent vegada que li tocava no podia fer-ho—. El cas és que la dona s'hi resistia. Ell hi va instistir i ella va refusar definitivament d'agafar l'estri en qüestió, tot dient:

—Poc ho sé fer anar, jo, això!

Pareu màquines! Vaig desconnectar la conversa que tenia na Claudia amb la resta de gent i vaig centrar-me en els propietaris de la casa.

Què havia dit, la dona? Que ho sabia fer anar poc, aquell aparell?

Saber fer anar poc un aparell no t'impedeix de fer-lo anar, vaig pensar. Si ja saps fer-lo anar una mica, és qüestió de pràctica. En pocs minuts i amb una mica de paciència, te'n surts. Per tant, jo no acabava d'entendre l'actitud de la dona.

El cas, però, és que l'home va desistir. Caram: perquè una persona té uns coneixements limitats en fer servir un aparell, assumim que no podrà fer-lo anar?

Vaig tornar a la conversa amb els altres estadants. En aquell moment parlava na Claudia.

—...així, doncs, de debò penseu que el canvi climàtic hi té alguna cosa a veure? —preguntava la meva dona en català, amb el seu accent anglès nord-americà, dient la *t* a mig camí de *t* i *tx.*

—No ho crec pas, jo —deixa anar la dona barcelonina—; p'rò els meus nets segueixen força aquest tema. Ho preguntaré a·n·ells quan torni a Barcelona.

—Doncs jo crec que sí! —salta una del grup de Vic—Ja sabeu que, a la plana de Vic, al bo de l'hivern, hi fa un fred sever. Doncs aquest hivern passat no ha fet gota de fred. Allavòrens segur que és a causa del canvi climàtic!

El cervell m'ha tornat a fer un bot. Ha dit *aquest hivern passat no ha fet gota de fred*? El fred genera gotes? Pot ser el fred de Vic és molt humit, i la humitat es condensa, i es fan gotes d'aigua, com la rosada del matí, i... però una nova frase m'ha interromput els pensaments.

—Dò''s a Banyoles pla hem notat re —diu el jove banyolí, amb aquell accent tancat i alhora suau que tenen els de les comarques gironines, i que cada cop que el sento em recorda en Martí, el professor de català d'Osaka.

Aquella frase també m'ha cridat l'atenció. Què vol dir *pla hem notat re*? A quin pla es refereix? Potser es refereix al Pla de l'Estany, el nom de la comarca de Banyoles...

—Deixeu-m'hi posar cullerada —salta la mare de família del Tremp—. Al Pallars ens trobem com a Vic, però al revés. La conca de Tremp, a l'estiu és un forn. Donques enguany, aquests dies d'estiu, tots esperàvem que vinguessa la calorada de sempre, però no ha vingut.

M'he perdut alguna cosa: la dona ha demanat de posar cullerada a algun plat, però no hi ha cap plat ni cap safata de menjar, allà a la piscina.

—Os pedrer! —diu un altre dels intervinents en la tertúlia.

Què deu ser, això d'*òspedré*? Si no sé ni com s'escriu, com he de buscar informació d'aquest mot? M'estic marejant, amb tantes dades!

—Dona —mira de corregir-lo el marit de la trempolina—, una mica de calor sí que n'ha fet.

—Que no! —s'hi torna la dona— No ha cap vingut, la calorada que ve cada any!

I tots convenen que el canvi climàtic és terrible.

Doncs no! El que és terrible és que hi hagi catalans que, quan parlen, diguin coses que no surten als llibres de català! De què em serveix aprendre català si després la gent diu coses que no són al llibre de català? Això és una estafa! És una vergonya! No hi ha dret! Presentaré una queixa al síndic de greuges.

—oOo—

L'experiència de la piscina m'ha posat de mal humor. Na Claudia —que em veu venir d'una hora lluny— sap que me'n passa alguna. Així que m'ha proposat d'anar a la fageda d'en Jordà a la tarda, a veure si escampo la boira. És un paratge únic, preciós, bellíssim. Hi hem anat amb el cotxe, hem aparcat a l'aparcament que hi ha al costat de la carretera i ens hi hem endinsat a peu. La veritat és que el paisatge et corprèn. Però... però... renoi, no hi ha manera de treure'm del cap el que he sentit a la piscina. No, no parlo del canvi climàtic. Parlo de les paraules estrambòtiques. Què vol dir *no ha cap vingut*? Què vol dir que *no ha fet gota de fred*? Què vol dir *pla hem notat re*? Què vol dir *poc ho sé fer anar*? Això em rosega per dins. Fins que no m'ho tregui, no fruiré del paisatge.

Com que no tenim pressa, ens estem una estona en un indret ombrívol. Na Claudia juga amb en Jordi, que s'ho passa molt bé. Jo m'assec damunt d'una aquelles roques volcàniques. I començo a donar-hi voltes. A veure si la màgia de l'indret m'ajuda a treure'n l'entrellat.

Fem de Sherlock Holmes i analitzem els fets com si volguéssim resoldre un delicte. Primer pas: què tenen en comú aquestes frases que m'han cridat l'atenció? He de trobar el nexe que les uneix. Vejam... doncs, efectivament, totes són negatives. A *no ha cap vingut* (Pallars) i a *no ha fet gota de fred* (Osona) es veu claríssim, atès que hi ha el mot *no*. En la frase *pla hem notat re* (Pla de l'Estany) no hi veiem la partícula *no*, però sí que hi ha el mot *re*, que sol aparèixer en frases negatives. En el darrer cas, *poc ho sé fer anar* (Garrotxa), tampoc hi ha la partícula *no*, però és evidentment una oració negativa. Veient l'escena del matrimoni amfitrió, hom dedueix que el significat és negatiu: la dona refusava de fer servir l'aparell.

Molt bé, Sherlock. Seguim. Què hauria dit jo en totes aquestes frases? (Jo soc un català recautxutat però que almenys dic coses que surten als llibres de català.) Doncs *no ha pas vingut* (o, millor, *no ha vingut pas*), *no hem notat re*, *no ha fet gens de fred* i *no ho sé fer anar*. Estem gairebé igual que al principi, però en fi.

Podria trobar més punts en comú? Va, Hiroshi, esforça-t'hi més. Podria dir totes aquestes frases amb la partícula *pas*, oi? Així, *no ha vingut pas, no hem notat pas re, no ha fet pas fred* i *no ho sé fer anar pas*. Calla, ja tenim alguna cosa: el *pas*. Podem dir que totes aquestes frases venen carregades amb la partícula *pas*.

Què aporta, aquest *pas*? Quin valor afegit hi dona? Quina diferència hi ha entre aquestes frases amb *pas* i les mateixes frases sense *pas*? Com que no sóc catalanoparlant nadiu, em costa. No acabo de veure-hi gaires diferències.

Però, calla... què ha dit la dona de Barcelona? Ha dit: *no ho crec pas*. Se m'havia passat per alt.

Ja tinc una altra frase amb el *pas*. Va, estirem el fil. Què aporta el *pas*? La veritat és que estic desorientat. Em venen al cap escenes diverses. Una vegada, en Pere, el comptable de l'empresa, va baixar a la nau a comprovar una cosa. Quan va passar pel meu costat, em va dir:

—Hiroshi, no tens pas un boli?

Es veu que s'havia deixat el bolígraf a l'oficina i necessitava apuntar una cosa. Li vaig deixar el meu bolígraf i un paper, va anotar-hi quatre coses, em va tornar el bolígraf i ell se'n va tornar cap al despatx, tot dient-me:

—Merci.

Fixeu-vos en la frase d'en Pere: *no tens pas un boli?* Quina manera més curiosa de preguntar que teniu els catalans: per a saber si un té una cosa, li demaneu si no la té. Ja sou ben estranys. Tinc la teoria que sovint parleu al revés (un altre dia us ho explicaré). En Pere podia haver dit simplement: *tens un boli?*

Tornem enrere, que per aquí em perdo. Tornem al *no ho crec pas*. Per què la dona de Barcelona hi ha posat un *pas*? Podia haver dit *no ho crec* (a seques). Haig de trobar una manera de comprovar què aporta el *pas*... si no, estaré de mal humor tot el dia.

He pensat que podria buscar una frase on el *pas* hi hagi d'aparèixer gairebé per força. N'he provat unes quantes, i en totes el *pas* podia aparèixer-hi o no... Però al final he trobat un context en què sembla que s'ha de dir. Us el descric, a veure si esteu d'acord amb mi. Si em demanen: *Has vist el meu rellotge?*, i jo no l'he vist, puc respondre tres coses: *no* (a seques), *no l'he vist* o bé *no l'he vist pas*. Totes tres respostes funcionen igual de bé. Però, atenció!, si em demanen *M'han dit que has vist el meu rellotge*, jo puc respondre un altre cop les tres coses, però la primera i la segona sembla que quedin un pèl coixes. Si responc solament *no*, sembla que estigui desautoritzant el que m'ha fet la pregunta: és com si mig l'acusés de mentider (eh?, veieu com ja començo dominar el *mig* preverbial?). Un japonès no pot tolerar que d'una conversa en surti la sensació que no es respecta l'altre. Si responc *no l'he vist*, també desautoritzo qui formula la pregunta (tot i que no tan secament). Si responc *no l'he vist pas*, el *pas* suavitza la frase.

Per tant, la clau és la manera com es formula la pregunta. Una frase com *M'han dit que has vist el meu rellotge* dona a entendre que, qui fa la pregunta, pressuposa que la resposta serà *sí*. Si la resposta ha de ser negativa, un *no* pelat és una desautorització: estem dient a qui pregunta que suposa malament, que va errat.

Per tal d'evitar la tensió, en català es pot posar el *pas*: *no l'he vist pas.* És com dir: t'erres en la teva suposició (però quan dic que t'erres ho suavitzo).

Això m'ha recordat el rus, que vaig estudiar de jove. Per a dir *no* diuen *niet*; però quan es tracta de corregir una suposició, diuen *nie*. És a dir, tenen dues partícules per a la negació, una per a casos generals (*niet*) i l'altra per a corregir una creença (*nie*). En el català és el mateix: *no* per a casos generals i *no pas* per a corregir una creença.

Doncs ja ho tenim: abans hem comprovat (ben fet, Sherlock) que totes aquelles frases de la piscina s'han dit amb *pas* (*no ho crec pas*) o es podien haver dit amb *pas* (*no ha vingut pas, no hem notat pas re, no ha fet pas fred, no ho sé fer anar pas*). I ara sabem que el *pas* contradiu la pressuposició implícita en una pregunta —una altra medalla, Sherlock— però fent-ho de manera suau, sense violentar la persona que formula la pregunta. Na Claudia havia demanat: *de debò penseu que el canvi climàtic hi té alguna cosa a veure*, i la dona barcelonina havia respost: *no ho crec pas.* Mirem les altres frases: al Pallars i a Osona hom esperava que vingués calor o fred (una altra pressuposició), i al final ni la calor ni el fred han fet acte de presència (han contradit allò que la gent suposava que passaria). Per això es pot dir que la calor *no ha vingut pas*, o que *no ha fet pas fred*, però ho han dit amb unes altres partícules en comptes de *pas*: han dit *cap* i *gota*. Els banyolins eren més escèptics, i haurien pogut respondre *no hem notat pas re* com a fórmula per a contradir la pressuposició de la meva dona. Quant a l'escena del matrimoni amfitrió, l'home assumia que la dona sabria fer anar l'aparell i la dona ho ha negat; per això, hauria pogut dir *no ho sé fer anar pas* (tot i que ho ha dit amb *poc* anteposat).

Bé, Sherlock, hem fet un gran pas endavant! De tota manera, encara no sabem per què hi ha gent que, en comptes de dir *pas* per a desautoritzar la pressuposició que hi ha implícita en la pregunta, diu *cap, pla, gota* i *poc*. Uf, encara tenim molta feina a fer.

Vinga, estirem un altre fil. En el cas de *cap*, tots sabem que també és un quantificador zero per als noms comptables (*No hi ha cap problema, No han marcat cap gol*). Hi té alguna cosa a veure? Hi ha un altre quantificador zero, *gens*, per a noms incomptables (*No fa gens de gràcia, No plou gens*). Si el *cap* que diu la dona trempolina provingués del *cap* quantificador zero, caldria esperar que el quantificador zero *gens* també aparegués en alguna d'aquestes respostes, i no és així.

Per aquesta via sembla que no resoldrem res. Anem per un altre cantó. Podem preguntar-nos: què tenen en comú tots aquests mots? Què uneix *pas*, *cap*, *pla*, *gota* i *poc*? Que són monosíl·labs. No, perquè *gota* és bisíl·lab. Que tots tenen una *a*. No, perquè *poc* no té *a*. Que tots tenen una *p*. No, perquè *gota* no té *p*. Que tots tenen tres lletres. No, que *gota* té quatre lletres. Au, va, Hiroshi, que et fixes en menudeses que no et porten enlloc!

Vinga, tornem-hi: què tenen en comú? Anem al significat de tots aquests mots, a veure si hi trobem el desllorigador. Un *pas* no té res a veure amb una *gota*. O sí? Un *pas* ho fa una persona, que a l'ensems té *cap* (si no tingués cervell no podria caminar, i cal un cap per a contenir-hi un cervell). Per a fer un *pas* rere un altre, millor que el terreny sigui *pla*, tot i que en un terreny costerut també es poden fer passos. Un *cap* d'una persona i una *gota* d'aigua són rodons, per tant qualsevol d'aquests dos objectes és *poc pla*. I si un posa el *cap pla* (per exemple, estirat a terra) no pot fer ni un sol *pas* (perquè si està estirat no podrà caminar) i de fet pot fer molt *poc* per no dir gairebé res (ja que, quan un està estirat, pràcticament no es pot moure) excepte esperar que li caigui una *gota* de suor. Semblo en Màrius Serra inventant-se mots encreuats. O fent un trencaclosques. Si na Claudia em pogués llegir el pensament, es pensaria que m'he tornat boig.

Pot ser que no vegi bé el denominador comú del significat d'aquests cinc mots? Potser és que no miro on toca. Em centro en què signifiquen, però he de mirar-ne una altra cosa. No pas què signifiquen, sinó quina idea hi ha darrere de cada concepte.

Un *pas* és un *pas*. I una *gota* és una *gota*, certament. No tenen res en comú. Però, en el fons, què és una gota? Una gota és unitat mínima d'un líquid (com l'aigua). Això: unitat mínima. I la unitat mínima sempre és... *poc*. En efecte, quan hi ha una sola gota d'aigua, representa que hi ha poca aigua, però no només això, sinó que no pot haver-n'hi menys que una gota. Els humans no podem trencar la gota d'aigua. Ja tenim l'enllaç entre *gota* i *poc*. I *pas*? Què és un *pas*? És la unitat mínima del caminar. Ja et tinc!: una altra unitat mínima. Quan un camina per la muntanya, no pot fer menys que un pas. La idea subjacent comuna de *poc*, *pas* i *gota* és que evoquen 'minimitat'. I *pla*? Molt fàcil: quina és la unitat mínima de volum? Doncs una cosa plana. I *cap*? Aquí és més difícil, m'ha costat, però al final ho he trobat: a vegades, *cap* es fa servir com a sinònim de 'persona'. No heu sentit mai la frase *Hi havia tres-cents caps*? Vol dir que hi havia tres-centes persones. I quina és la unitat mínima de la humanitat? Exacte: una persona (perquè no pot haver-hi una cosa menys que una persona). Dit altrament: un *cap*.

Per tant, *gota*, *cap*, *pas* i *pla* evoquen unitats mínimes, i això les enllaça amb *poc*. Ja tenim el denominador comú del significat d'aquests mots. I tots aquests mots s'usen quan es tracta de rebatre la pressuposició implícita que hi ha en la pregunta prèvia. Conclusió: per a rebatre la pressuposició implícita que hi ha en la pregunta prèvia (i fer-ho sense violentar el preguntador), el català recorre a paraules que evoquen la idea d'unitat mínima, que s'afegeixen a la frase amb *no*. Elemental, estimat Watson.

Si algú de vosaltres diu: *Vols dir que no desbarres?*, li respondré: *No desbarro gota*, que és com dir que no desbarro gens. O bé: *No desbarro pas*. O bé, si fóssim a Tremp, jo podria dir: *La meva argumentació no ha cap fallat*. O, si anem a l'estany de Banyoles o al pont medieval de Besalú, fins i tot: *Desbarrar, jo? Pla!* (que és com dir *i ara!*). I el *poc*? No expressa unitat mínima d'una cosa, però evidentment va dins el mateix paquet. Aquest és fàcil. Un pot dir: *Poc et pensaves que ho resoldria, això.* D'entrada vol dir 'et pensaves poc que...'. Però amb el *poc* recol·locat al principi de la frase, devia agafar un sentit de negació correctora d'una pressuposició anterior. El *Poc et pensaves...* primer significava 'et pensaves poc...' i després va passar a significar 'no et pensaves pas...'.

Que content que he sortit de la fageda d'en Jordà! Al vespre, des de l'apartament, he enviat un missatge de mòbil al meu professor de català d'Osaka, explicant-li la meva descoberta. Segur que estarà orgullós de mi.

L'endemà, en llevar-me, tenia la seva resposta al mòbil. Llegeixo:

"Enhorabona, Hiroshi! Ets un alumne avantatjat! De tota manera, t'he de dir que jo sóc del Pla de l'Estany. I allà, el mot *pla*, el fem servir per al que tu dius; però com a mínim té quatre usos més. Vols que et passi frases on es diu el mot *pla* amb aquests altres sentits, a veure si en treus l'entrellat?"

Ja m'ha esguerrat les vacances.

6. Qui no carda a Olot no carda enlloc

Avui és diumenge. En teoria no hauria de ser a la feina, però aquí em teniu. Hem de fer una tramesa urgentíssima. Amb mi no hi ha cap company de feina. Si hi fossin, caldria pagar-los hores extres, i és més barat per a l'empresa agafar algú de fora. Jo hi he de ser per força perquè soc qui controla l'entrada i sortida de paquets. Però si la resta de gent no cal, doncs no cal. Quan ens trobem en una situació així, recorrem a una empresa de treball temporal perquè ens aporti un peó per quatre hores en diumenge. Ha vingut en Lluc, un xicot d'Olot que ja ens havia ajudat en altres ocasions quan hem hagut de reforçar plantilla, ja fos per pics de feina, ja fos per períodes forts (per exemple, la campanya de Nadal). En Lluc és alt i prim, bru, té una mica de gep, du els cabells llargs i té un nas arquejat bastant gran (una *nàpia*, he vist que en diuen els catalans, d'un nas així).

És d'hora i fa fred de valent. Esperem que arribi la furgoneta amb el material que hem de distribuir amb drons. Sembla que s'endarrereixen. En Lluc i jo ens estem pelant de fred —no engegarem pas l'aire calent per escalfar tota la nau si només som dos; si ho féssim, quan l'empresa hagi de pagar la factura de l'electricitat, ens estirarien les orelles—.

En Lluc diu:

—Refot, com tarden! Vo's que tregui el nas a fora, a fer un cop d'ull, a veure si arriben?

El sentit comú diria que el nas no es pot separar el cos, i que els ulls no poden pegar cops. Però amb els catalans mai se sap: feu castells humans desafiant la gravetat i la lògica, i mengeu pa amb tomàquet. Per tant...

—Home, no crec que triguin gaire...

No vull que en Lluc faci res amb el nas, no fos cas que tingués un accident laboral; i, si prengués mal, me les carregaria jo.

—Si es retrassen gaire més, ens trobaran glaçats —hi torna, en Lluc—. Tinc els peus gelats, i això que porto dos parells de mitjons dins els quets!

Li miro els peus i veig que du vambes. Dedueixo que els *quets* són les vambes, i que així en deuen dir a Olot. Encara que em sembla que en Ton, de Tarragona, algun cop també li vaig sentir dir això mateix.

—Vols que prenem un cafè, mentrestant? —li suggereixo, a veure si entrem en calor.

—D'acord, fem un cafè —em respon.

L'expressió *fer un cafè* l'he sentida a manta. I la veritat no té cap mena de lògica. Què vol dir, *fer un cafè*? Doncs preparar-lo. Però els catalans, quan feu un cafè, en realitat el preneu. Per què no dieu *prendre un cafè*? Jo sempre ho dic així.

Un cop acabat el cafè, tornem a l'espera. En Lluc comença a mostrar-se impacient.

—Segur que no vols que tregui el nas? No em fa res fer un cop d'ull.

Ja hi torna, amb el nas i l'ull. Potser vol dir que amb l'olfacte pot saber si s'atansen o no. A la Garrotxa tal vegada han desenvolupat un sentit de l'olfacte molt potent... No sé què respondre-li, i m'empesco una resposta que no em compromet:

—Bé, si creus que els trobaràs...

—D'acord.

En Lluc se'n va a la porta, l'obre un pèl, i posa el cap a fora, només una mica. Així que *treure el nas* i *fer un cop d'ull* era això: anar a mirar.

—Goita, tu: ja venen! —crida en Lluc.

Jo dic *guaitar*, tal com toca i tal com apareix als llibres i als diccionaris. Ell diu *goitar*. Aquesta variant l'he sentida més d'un cop, generalment en gent de Girona i rodalia. Ja és curiós que un estranger parli el català com un diccionari i un català parli el català com si fos un estranger. Per cert: quan s'ha de fer l'imperatiu (que es fa molt sovint), jo dic *guaita!*; però els que diuen *goitar*, a vegades diuen *goita!* (com fa en Lluc) però a vegades diuen *gúita!* La veritat és que escriure això darrer violenta l'ortografia catalana. (No patiu, catalans: els japonesos tenim moltíssims més problemes a l'hora d'escriure.)

Obrim la porta de bat a bat, entra la furgoneta, descarreguem les caixes, en Lluc comença a col·locar les caixes als drons i jo els programo perquè es desplacin fins on toca.

—Ja podran cardar tants trapaus, aquests drons tan petits?

Em quedo una mica parat. En Lluc ha demanat si els drons *podran carregar* els paquets, oi? O he sentit una altra cosa? *Cardar*, potser? No l'he sentit mai. Ha degut dir *carregar*, doncs. I què són *trapaus*? Suposo que és una manera local d'Olot de dir *carregament*. Llavors responc:

—Sí, home, sí! Tenen molta potència.

—'Ta bé, 'ta bé. Només ho preguntava. Nosatros, a casa nostra, teníem un remolquet, i una vegada vàrem carregar-hi un munt de coses i, hosti tu, el vàrem encimbrellar tant que es va trencar.

He de mirar de no enganxar-me amb les paraules que diu en Lluc, o estaré tot el dia capficat —ja em conec—. Però és que en

Lluc no para de dir-ne de tota mena. Aviat em deixa anar aquesta altra frase:

—Fem via, tu, que 'vui carda rasca.

Ja és la segona vegada que em diu *tu*. Ja ho sé, que s'adreça a mi: no hi ha ningú més, a la nau! Doncs per què em diu *tu*? I per cert, què diu que s'ha de rascar? No puc pensar-hi gaire, perquè hi torna:

—Amb aquesta fred, agafarem una galipàndria que quedarem ben cardats!

Si no m'he descomptat (i soc molt bo comptant), ja ha dit tres cops *cardar*. Què vol dir, *cardar*? Miraré de fixar-m'hi cada vegada que ho diu, a veure si ho resolc. I, en efecte, al llarg del matí ho ha dit quatre vegades més. Just abans d'esmorzar, deixa caure:

—Començo a tenir gana. Encabat cardaré un entrepà de xoriço de dos pams!

Una mica més tard, pronuncia aquesta altra frase:

—Hosti tu, sí que fem via! Ho cardarem tot abans de la una.

Més endavant, mentre col·locava una caixa a un dron, sense voler s'ha fet mal a la mà. Primer ha cridat, i quan jo li he demanat què ha passat, ha dit:

—Casum! M'he cardat un cop jo tot sol!

Es xuclava el dit, que era el lloc on s'havia fet mal.

—T'has ajupit el dit?

—Sí, noi. I déu-n'hi-do, el mal que fa!

Quan he sentit *deuni...* no sé què més, he parat la feina per apuntar-me aquell mot, però no hi he sigut a temps: tot seguit en Lluc s'ha posat a parlar d'una batussa havia tingut l'alter dia amb una altra persona allà al seu poble, i amolla aquesta frase:

—Doncs em volia cardar, aquell moseró. P'rò li vaig plantar clara. M'hi vaig cardar a cops de puny, i una mica més i li cardo una hòstia!

Aquí ja sé que *hòstia* vol dir 'garrotada'. Quan explico als meus amics japonesos —via mòbil o ordinador— que els catalans, per a dir que doneu una garrotada, esmenteu el cos del Fill de Déu (del vostre déu, s'entén), es posen les mans al cap.

Quan hem enllestit, hem aviat els drons i hem plegat. Els drons dipositaran el carregament on toca i tornaran cap a la nau, tot aterrant al sostre. Demà dilluns, al matí, només caldrà recollir-los.

En Lluc i jo ens hem acomiadat, ell ha enfilat cap a Olot amb la seva moto i jo cap a casa.

—oOo—

Durant el trajecte de tornada, al metro, pensava en aquell *cardar* tan olotí. Ja sabeu que la meva afició és barallar-me amb les paraules.

Vejam, repassem: en Lluc ha dit *cardar trapaus* (és a dir, coses o paquets); ha dit *cardar rasca* (que diria que vol dir fred); també ha dit *quedar ben cardat* (aquest és fàcil, pel context es podia deduir: quedar xafat); després ha dit *cardar un entrepà* (menjar-se'l?); ha dit *cardar-ho tot abans de la una* (segurament, 'carregar-ho' o 'acabar-ho'); ha dit *cardar-se un cop* (fer-se un cop); també ha dit que algú el *volia cardar* a ell; i, finalment, ha dit que volia *cardar-se a cops de puny amb algú* i *cardar una hòstia a algú* (és a dir, clavar-li una garrotada).

Quanta cardamenta, a Olot! No fan més que cardar, aquesta gent. Carden a tothora. I amb tota mena de coses.

Si *cardar* es diu tant, deu ser un verb molt important, en català. Però, si és tan important, per què no van ensenyar-me'l quan estudiava català a Osaka? Per què no figura als llibres de llengua? No ho entenc: un verb tan usual bé hauria de sortir als llibres!

Alto, no corris tant. És cert que en Lluc ho diu molt. Però els meus companys de feina no ho diuen. Per tant, deu ser un localisme. Això explicaria que no surti als llibres d'aprendre català. Però... si es diu tant a Olot, i en conseqüència és un verb molt important en la parla d'Olot, almenys alguna cosa n'haurien de dir els llibres d'aprendre català, no? Això no em quadra.

La curiositat em rosega. Miraré al diccionari, a veure què vol dir *cardar*. Consulto el diccionari de l'Institut d'Estudis Catalans a través del mòbil. Quan hi teclejo *cardar*, m'apareixen quatre significats.

Veig que la majoria dels significats se circumscriuen al llenguatge tèxtil. No és això, ja que en Lluc ha usat *cardar* en diversos contextos que no tenien res a veure amb el llenguatge tèxtil. Els puc obviar, doncs.

El quart significat és el que m'interessa. La definició és "Fotre". Això és el que vol dir en Lluc, certament. Per a ell, *cardar* és sinònim de *fotre*. Mireu: *cardar trapaus = fotre trapaus* (dins un lloc; *fotre* també vol dir 'posar', no?); *cardar rasca = fotre fred; quedar o estar (ben) cardat = quedar o estar (ben) fotut; cardar un entrepà = fotre's un entrepà* (cruspir-se'l, menjar-se'l); *cardar-ho tot = fotre-ho tot* (posar-ho tot); *cardar-se un cop = fotre's un cop; cardar algú = fotre algú; cardar-se a cops de puny amb algú = fotre's a cops de puny amb algú; cardar una hòstia a algú = fotre una hòstia a algú.* Bingo!

Els catalans useu *fotre* a tort i a dret. Espero que els meus amics del Japó no em demanin què significa, perquè no acabaríem mai: ho significa tot. Amb l'afegitó que es fa servir en el llenguatge col·loquial, per no dir vulgar.

(No patiu, això dels nivells de formalitat sí que és fàcil d'explicar a un japonès. En japonès en tenim diversos, i fem servir unes paraules o unes altres segons el nivell de formalitat. Per tant, als meus col·legues del Japó puc dir-los que *fer* és el mot del registre normal, i *fotre* el mot del registre vulgar.)

Però, com dic, una altra cosa és explicar-los el significat d'aquest verb. Es pot dir des de *fotre algú* ('fer una mala passada a algú, fer la vida impossible a algú'; també es diu *putejar*) fins a *fotre mà* (que tant vol dir 'robar', per exemple *fotre mà a la caixa*, com 'palpar libidinosament', per exemple, *fotre mà a qui tens al costat al cine*), passant per *fotre's un plat* 'menjar', *fotre per terra* 'tombar' o *fotre's d'algú* o *enfotre's d'algú* (em costa traduir-ho al japonès: és com *burlar-se* però més gruixut) o per la pregunta-expressió *No et fot?* (que no he acabat mai d'entendre què vol dir). I, sempre que es pot dir *fer*, també es pot dir *fotre*. Per exemple, *fotre un cafè* 'fer un cafè', *fotre calor* 'fer calor', *fotre mal temps* 'fer mal temps', *fotre pena* 'fer pena', *fotre soroll* 'fer soroll', *fotre murga* (aquest no he acabat d'entendre'l: 'ser pesat', tal vegada?), *fotre merder* 'muntar un escàndol, una protesta, o semblant', *fotre fora algú* (per exemple, de la feina o d'un bar), *fotre's un cop* (amb una gran quantitat de variants: *una hòstia, una nata, de lloros* —no sé què hi pinten, els lloros—), *fotre una cleca* 'pegar una clatellada', *fotre un clau* 'fer l'acte sexual' i un llarg etcètera. A vegades també va a canvi de *posar*. Per exemple, *fot·e-ho aquí* 'posa-ho aquí', *fotre una multa* 'posar una multa', *fotre's a plorar* 'posar-se a plorar'.

El *fotre* té una variant menys dura, *fúmer* (o *fumbre*). Així, *No fumis!* no sona tan fort com *No fotis!* I hi ha una frase que em va deixar xocat el primer dia que la vaig sentir: *fotre el camp* 'anar-se'n' (no hauria de ser *anar-se'n del camp?*). Fins i tot els valencians fan servir el mot *fotre!* com a resposta quan estan sorpresos d'una cosa.

A més, els catalans heu creat derivats a manta: *una fotesa* 'cosa sense importància', *haver-hi un fotimer de coses* 'un munt de coses' (hi ha gent, però, que diu *un fotiment de*), *ser un foteta* 'ser algú que es fot dels altres', *la fotementa* 'fet de fotre algú o de fotre's d'algú', *estar fotim-fotam* ('no acabar d'estar del tot bé', potser creat per mimetisme amb *anar pengim-penjam*, dit d'una cosa que penja perquè no està ben subjectada). I segur que me'n deixo algun.

Ja ho he resolt, doncs: en Lluc diu *cardar* allà on molta gent diu *fotre*. *Fotre un cop de puny?* Doncs per a en Lluc *cardar un cop de puny*. *Fotre la cartera a algú* (és a dir, robar-li)? Doncs també es pot dir *cardar la cartera a algú*. *Fotre's amb algú* per tal de fer-lo sentir malament? No sé si en Lluc diria *cardar-se amb algú*, però tant és: si no ho diu, jo ho diré. Ah! I l'expressió *fer un cafè*, de la qual hem parlat abans? Doncs si es pot dir *anem a fotre un cafè* (sempre entre amics, és clar, no ho direm pas a un client), també es pot dir *anem a cardar un cafè*.

M'ha vingut al cap que l'anglès té un verb semblant: *get*. Vegeu: si jo dono com a ordre *Get the door!*, es pot entendre com *Ves a obrir la porta*, però també *Agafa la porta* o *Porta'm la porta* o *Aguanta la porta*. El pots posar a tot arreu i sempre significa allò que vols que signifiqui. Si algú et diu el seu nom i no l'acabes d'entendre, pots dir *I didn't get your name*, que en català més o menys seria *No he pescat el teu nom*. Que vols dir que poden trobar-te per telèfon? Doncs *You can get me by phone*. Que maten algú? Es pot dir *To get somebody*. Que la policia atrapa l'assassí? Doncs *The police get the killer*. Si vols que una cosa rodoli, pots dir *Get rolling!* I quan algú es posa malalt es pot dir *Yesterday he got sick*. Prepares el sopar? *I'm getting dinner*. Que algú rep un cop al genoll, per una pedra que li han tirat? *The stone got him in the knee*. I no acabaríem mai. Podríem anomenar-lo *verb comodí* o també *verb multiusos*, com els líquids de neteja que valen per a totes les superfícies i per a tota mena de materials. Sembla aquella navalla de l'exèrcit suís, que té mil funcions.

Crec que els professors de català haurien de plantejar-se d'ensenyar els verbs *cardar* i *fotre*. I això també val per als professors d'anglès amb *get*. Per què ho dic? Doncs, si són verbs comodí, els estudiants de català només hauríem d'aprendre aquests dos verbs. No caldria aprendre's tots els altres verbs, entre els quals hi ha els irregulars (que són un malson per a qui aprèn un idioma que no és el seu). Bastaria saber conjugar *cardar* i *fotre*, i així podríem construir totes les frases. D'acord: *fotre* és col·loquial. Doncs llavors que s'ensenyi només *cardar*. En Lluc bé ho diu cada tres per quatre... Que el teu veí canvia el llit vell i en compra un de nou? Doncs tu pots dir que *el veí carda el llit*. Que la cap de recursos humans ha d'anunciar que arribarà un nou treballador a l'empresa? Doncs la cap de recursos humans dirà que *cardarà un noi*. Que una guàrdia urbana i un conductor que ha aparcat malament es discuteixen al mig del carrer? Doncs direm que *la guàrdia i el conductor carden de valent*. Que el verdulaire paquistanès de la botiga del costat xerra amb l'esposa del nostre veí? Doncs, quan vegem el nostre veí, li direm: *el verdulaire carda amb la teva dona*. I així anar fent. Tot solucionat!

Diré més: quantes hores de classes de català no ens estalviaríem?

L'endemà dilluns, en tornar a la feina, la primera cosa que havia de fer era anar a recollir els drons del terrat. A diferència de diumenge, feia bo. Un dia molt maco, d'aquells que conviden a sortir de les naus industrials.

Després de desar els drons, vaig i entro a l'oficina d'administració. Na Queralt, com sempre, està enganxada a l'ordinador, erta a la seva cadira, amb la mirada fixa a la pantalla. Tecleja a una velocitat supersònica (com fa sempre): deu escriure un correu electrònic. Al fons de la sala hi ha quatre companys fent-la petar. Quin contrast! Na Queralt pencant de valent, fent treure fum a l'ordinador; i els altres enraonant tranquil·lament i relaxadament a l'altra banda de l'estança. L'escena em commou i em ve el desig de ser amable amb la noia. Per això m'hi acosto, i li poso la mà suaument sobre l'espatlla i li dic:

—Queralt, no treballis tant, dona. Avui fa un dia molt maco. Podríem sortir una estona, què hi dius? Et convido a una tassa de te. Què et sembla si després anem a cardar-la al carrer?

A l'acte, un silenci glaçat. Tots se m'han quedat mirant, muts, durant uns quants segons. S'hauria sentit com queia una agulla a terra. Na Queralt havia aturat de cop el tecleig i em mirava fixament, a través de les seves ulleres, i diria que em perforava amb la mirada.

Més tard, a migdia, he intentat contactar amb videotrucada amb en Lluc. Ha contestat ràpid.

—Ei, Hiroshi, què tal? Va anar bé, el repartiment d'ahir?

—Sí, sí... Escolta, Lluc, t'he de demanar una cosa. Em sap greu demanar-te això, i sé que t'estranyarà, però ho necessito. A Olot, com en dieu, de l'acte sexual? Jo diria que en català es diu *fer sexe* o *fotre un clau*, però no sé si hi ha més maneres de dir-ho. M'ho podries aclarir?

En Lluc pensa una mica —potser sorprès pel tipus de pregunta—, i acte seguit diu:

—Jo en dic *xinar*, però molts dels meus amics en diu *endinyar*. I també hi ha quin en diu *manxar*. També se'n pot dir *sucar*. Per què ho preguntes?

—No, no res... Deixa-ho estar.

I és que avui he après que els verbs multiusos també solen indicar l'acte sexual.

En Lluc em mira a través de la pantalla tot estranyat. I llavors es fixa en un detall i em pregunta:

—Ostres, Hiroshi, que tens un ull de vellut? T'has fet un cop a la cara? Què t'ha passat?

—Na Queralt, que té un geni...

7. Hi ha gent que té ple d'amor per la llengua

Avui, a la feina, s'ha presentat una inspectora de treball.

Jo era a la nau, supervisant notes, quan se m'ha plantat al davant la dona. Duia els cabells a mitja llargada tenyits de taronja, i devia tenir uns trenta-i-tants anys.

—Bon dia —m'ha dit—. La persona responsable de recursos humans, sisplau?

—Està sortida —li he respost.

Per la manera com s'ha quedat callada, ja he vist que no l'he encertada.

Ràpidament m'ha vingut un flaix. M'he adonat que no he dit bé. Hauria hagut de dir *Ha sortit*. Però, per què he dit *està sortida*? La meva ment se n'ha anat ràpidament a Osaka, a les classes de català. Recordo que el professor em va explicar que, a l'hora de crear temps compostos, s'usava el verb *haver* més el participi (per exemple, *Avui he dormit poc*); però que, en verbs de moviment, aquesta construcció pot dir-se amb el verb *ser*; i que això es trobava sobretot a Mallorca i Menorca. Així, en aquestes illes diuen *ets arribat, som venguts, se n'era anat*, quan a Barcelona diuen *has arribat, hem vingut, se n'havia anat*. A mi, això, no em va sorprendre, perquè en francès és així (*j'ai mangé* però *je suis arrivé*), i més tard vaig saber que en italià també funciona igual.

El problema és que, quan arribes a Catalunya, veus que hi ha frases que la gent les diu tant amb *ser* com amb *estar*. Al costat de qui diu *el vas és ple* hi ha qui diu *el got està ple*; si trobes que la sopa crema, tant pots dir que *el brou és calent* com que *el caldo està calent*; i fins i tot pots trobar-te escrit als rètols *És prohibit d'encendre foc* com *Està prohibit encendre foc*. I jo no parlem dels que tant poden dir *Som dilluns* com *Estem a dilluns*. Total: se m'han creuat els cables. A Mallorca i Menorca poden dir *tal persona és sortida*, però jo he dit que *està sortida*.

La culpa és dels qui parleu català! Si al món només parlés català jo, aquestes coses no passarien!

El pitjor és que, si dic que una dona *està sortida*, podria interpretar-se com, ehem!, que va calenta, que està en zel.

Intento corregir:

—Perdoni, vull dir que ha sortit.

—Soc inspectora de treball —em diu, tot ensenyant-me el document que l'acredita com a tal.

—Bé, no trigarà gaire —responc—. Vol tornar d'aquí a una estona?

La inspectora em clava la mirada. Mentre sosté fortament la seva carpeta, parlant a poc a poc, em diu:

—Si torno d'aquí a una estona, vostès tindran temps de tapar tot el que tinguin d'irregular. Li sembla correcte suggerir a una inspectora de treball que torni d'aquí a una estona?

Em quedo sense paraules. Intento demanar-li disculpes:

—Em prego que em disculpi... —dic, acotant el cap.

—Doncs l'ha vessada.

No sé a què es refereix, ara. No he vessat res. Tinc un got de cafè damunt d'un palet, tot esperan que es refredés, però no l'he tombat.

De cop, veig la nostra cap de recursos humans, na Dèbora, entrant per la porta principal de la nau, i dic, cridant una mica:

—Ah!, Dèbora, mira, que aquesta senyora vol veure't.

Na Dèbora té els cabells negres molt curts, i llueix una arracades brillants que li pengen de l'orella. Arriba fins on ens trobem nosaltres i totes dues encaixen la mà; tot seguit, na Dèbora ofereix a la inspectora que pugi amb ella a l'oficina.

—Hiroshi —em diu na Dèbora—, pots pujar amb nosaltres, sisplau? Tu coneixes bé el funcionament de la plantilla aquí baix a la nau, tema torns i tal, i m'anirà bé tenir-te al costat per quan aquesta senyora ens demani coses.

Amb les dues planxes que he fet davant la inspectora, no sé si és bona idea, que pugi. Però en fi, difícilment es pot empitjorar un començament tan dolent com el que he fet jo. Per tant, som-hi.

La inspectora és eficient. S'ho mira i remira tot. Pregunta coses a na Dèbora. La majoria de vegades respon ella —i respon bé: sap fer molt bé la seva feina—, però algun cop em demana que respongui jo, perquè es tracta d'una dada que conec millor jo. Quan he hagut de contestar jo, m'ha vingut una suor freda: tinc por de tornar a espifiar-la.

Quan acaba la inspecció, la inspectora diu:

—En general ho tenen bé, però, en la qüestió dels torns en dissabte, vostès tenen ple d'irregularitats. Ho veuen? Aquí, aquí i aquí hi ha ple d'anomalies.

En aquell moment he entès *vostès ho tenen ple d'irregularitats*, que és el que jo dic i sento dir a tothom. Ara: a la segona frase, *hi ha ple d'anomalies...* diria que la frase sí que és una anomalia. Però no he pogut pensar-hi més, perquè em demanen coses:

—Hiroshi, quins criteris seguiu a baix per repartir-vos els torns en dissabte? —em pregunta na Dèbora.

—Bé, primer mirem la feina que hi ha, i després els operaris miren llurs obligacions familiars. Per exemple, sempre hi ha treballadors que han de portar llurs fills al futbol. A partir d'aquí...

La manera com em mira la inspectora revela que alguna cosa no va a l'hora. Na Dèbora, que se n'ha adonat, ofereix una explicació a la inspectora tot dient-li:

—No en faci cas, en Hiroshi va aprendre català a la Universitat d'Osaka, a l'altra punta del món. Va aprendre a fer servir el mot *llur*, i per això de tant en tant el diu quan parla. Deu ser l'únic catalanoparlant que ho diu. No es preocupi, jo ja m'hi he avesat.

Un cop feta l'explicació, continuo donant-los dades sobre com ens organitzem. La inspectora pren nota i acaba dient:

—Bé, veig que, als seus treballadors, elsi fan fer ple de coses.

Ep! Un altre cop un *ple* per allí al mig. Ara no tinc dubtes de com ho ha dit. La dona prossegueix:

—Ja elsi faré arribar l'informe, indicant què han de canviar. I d'aquí a quinze dies tornaré a veure si ho han implantat.

Na Dèbora dona les gràcies a la inspectora i aquesta surt del despatx. Jo l'acompanyo cap avall, per tal d'acompanyar-la fins a la sortida. Mentre baixem, em rosega aquest *ple de* que ha dit abans. No ho havia sentit mai. Estic encuriosit. I no puc treure-m'ho del cap!

Quan arribem baix, no aguanto més i li demano:

—Perdoni, senyora inspectora, vostè d'on és?

La inspectora es gira i em torna a mirar amb cara severa.

—Que m'està tirant la canya, senyor Hiroshi?

Em quedo perplex. De quina canya parla, aquesta dona?

—Perdoni'm, no l'entenc...

—Li pregunto si intenta lligar amb mi, senyor Hiroshi —diu, alçant una mica el volum de la veu.

Ja veig que he tornat a espifiar-la.

—Déu me'n guard! Li prego que em disculpi, no volia ofendre-la —dic, abaixant la mirada.

La inspectora inspira —senyal que torna a carregar-se de paciència amb mi— i em dona la informació:

—Sóc de Vilassar de Mar, al Maresme.

—Gràcies.

Acoto el cap del tot, com fem els japonesos quan volem demanar disculpes. A veure si així li marxa la mala imatge que té de mi.

—oOo—

Al vespre, a casa, mentre en Jordi no deixava que li donés el menjar i per tant s'empastifava tot (cara, mans, pitet, trona, terra i fins i tot jo), jo no podia parar de pensar en aquella expressió que havia sentit dir a la inspectora de treball.

Què havia dit? Les frases eren: *vostès tenen ple d'irregularitats; aquí hi ha ple d'anomalies*; i *als seus treballadors, elsi fan fer ple de coses*.

Què signifiquen, aquestes frases? Que, en un apartat concret (les hores de dissabte), hi teníem moltes irregularitats i hi havia anomalies; i que, als treballadors, els fem fer moltes coses. En tots tres casos, el significat és 'molt'. O sigui que el conjunt *ple de* significa 'molt'.

De dins dels racons de la meva memòria em venen coses de quan vaig estudiar una mica de francès. Em sembla recordar que, en francès, també s'usa *plein de* significant 'molt'. Per exemple, poden dir *il y a plein de monde*, que vol dir 'hi ha molta gent'; o *le mur a plein de décorations*, que vol dir 'el mur té un munt de decoracions'. No s'usa gaire en registres formals, però és bastant popular. El català i el francès, doncs, tenen la mateixa construcció.

Però no acabo de veure'n l'estuctura sintàctica. Una cosa és dir que *un magatzem està ple de coses*. I l'altra dir que *al magatzem hi ha ple de coses*, que és el que diria la inspectora de treball. El significat és, si fa no fa, el mateix, això és evident. Però l'estructura de l'oració no és la mateixa, això també és obvi.

Vull aclarir què és això. Anem a la primera frase, doncs. En aquell moment he entès *vostès ho tenen ple d'irregularitats*, perquè és el que sento dir a tothom. Però el cas és que, segurament, ha dit *vostès tenen ple d'irregularitats*. Que hagi dit les altres dues frases ho corrobora.

Ja fa estona que estic donant voltes i més voltes a aquestes frases, i desatenc en Jordi, al qual, tot sigui dit de passada, tampoc li feia gaire gràcia el menjar que li donava: una verdureta triturada que havia fet na Claudia anit i que, per molt que na Claudia insisteixi que és bo, la veritat és que no fa pinta de ser gaire apetitosa. Com que el Jordi veu que jo no estic per ell, fa estona que juga amb la verdura que hi ha escampada per la trona. Hi suca la mà i, tot seguit, es posa la mà al cap. Ara hi ha verdura per tota la cara i pels cabells del nen.

M'alço i començo a fer voltes per la sala d'estar, mentre el meu cap fa voltes a l'entorn de les tres frases dites per la inspectora de treball. Si en totes tres frases la construcció *ple de* significa 'molt', això vol dir que, almenys al Maresme, tal construcció significa 'molt'. El que és estrany, però, és com han arribat a crear aquesta expressió. Necessito més dades.

D'una revolada, agafo el mòbil i truco a na Dèbora.

—Dèbora, sisplau —dic tot just ha contestat—, pots donar-me el telèfon de la inspectora de treball?

Na Dèbora, estranyada, em respon:

—Que ja tens la solució a tot el que ens qüestionava la inspectora?

—No, no, és per a una altra cosa...

—Bé, d'acord. Es diu Maria Montserrat. Et busco el telèfon, espera't un moment.

Na Dèbora me'l dona. I hi truco.

—Perdoni, senyora Maria Montserrat, bona nit, són en Hiroshi, ens hem conegut aquest matí, quan ha visitat la meva empresa... Li puc fer una pregunta?

La inspectora, sobtada, em respon:

—Que no pot esperar-se a trucar-me en hores de la feina?

—No! —responc ràpid— És que per a una altra cosa. És sobre lingüística.

La inspectora calla un moment i em respon:

—Però jo no sóc lingüista.

—Jo tampoc, però no hi fa re, m'agrada estudiar la llengua.

Un altre cop silenci a l'altra banda. Finalment, em diu:

—Bé, vostè dirà, en què puc ajudar-lo?

—Vostè diu l'expressió *ple de* amb el significat de 'molt', no?

Na Maria Montserrat torna a emmudir. És evident que no esperava trobar-se amb una pregunta així. De fet, segurament tampoc esperava trobar-se una conversa així. Al cap d'uns segons, em respon:

—Doncs miri, ara que ho pregunta: sí, sí que ho dic. Ho dic molt. Al meu poble ho diem força. A tot el Maresme, de fet. És una manera molt pròpia de la meva zona.

—Ah! Que bé! —el meu cor s'ha eixamplat d'alegria— I diu que a la seva terra ho fan servir molt?

—Doncs sí. Però em sembla que només ho diem al Maresme (i també a Badalona, he pogut comprovar). La gent del Maresme ho diem tant, que ens pensem que és la cosa més normal del món. Però els mateixos maresmencs, quan anem a altres llocs fora de la comarca, comprovem que no ho diu ningú! És una cosa molt nostra.

—Ah sí?

—Sí. Com vostè sap, treballo a Barcelona. Quan vaig entrar a treballar a Barcelona, jo deia *ple de* sempre a tothom a l'oficina. Però vaig comprovar que tothom arrufava el nas quan ho deia. Perquè, per a ells, aquesta construcció és estranya.

—Què em diu, ara?

—Bé, jo ho continuo dient, però sé que sovint causa estranyesa a l'interlocutor. Veig que vostè també s'hi ha fixat.

—Sí, sí, és que m'agrada molt la llengua.

—Ja ho veig: és l'única persona a qui li he sentit dir el mot *llur*... Jo, aquest mot, només l'he vist escrit. Si m'haguessin dit que el sentiria en boca d'un japonès, no m'ho hauria cregut.

—Doncs ja ho veu... —li responc.

—Al Maresme tenim altres paraules interessants. Vol que n'hi digui alguna?

—I tant!

—Doncs miri: al Maresme, i també a Badalona, del nespre en diem *micaco*.

—Què em diu, ara! —dic jo, entusiasmat.

—Sí. I sap quan un no hi veu? Doncs si no s'hi veu, al Maresme diem *No hi papo*.

—Que graciós! Jo, per aquesta frase, com a forma col·loquial, he sentit *No m'hi guipo* o *No hi guipo*.

—Sí, sí... si a Barcelona digués *No hi papo*, potser no m'entendrien...

I ens allarguem en la conversa, engrescats, i li explico quines sensacions tenia quan vaig aprendre català a Osaka, i després també per què vaig aprendre català, li explico que vaig conèixer na Claudia, i li reporto tot el nostre periple fins que hem anat a raure a Barcelona, i li faig saber com ens agrada la ciutat, i ella confessa que també és una fan de Gaudí, i li explico que na Claudia i jo tenim un nen, i ella em diu té dues filles preadolescents i un nadó de menys d'un any (i no ha dit *nano*!!!), i convenim que a ella i al seu home i a na Claudia i a mi ens agrada molt viatjar, i que estaria bé fer un viatge les dues famílies plegades... Mentrestant, en Jordi embruta la paret amb la verdura que té escampada per la trona. Ai na Claudia, quan ho vegi...

L'endemà, a la feina, na Dèbora i jo treballem per a subsanar les deficiències que havia trobat na Maria Montserrat al nostre sistema pel que feia a les hores de dissabte. Un cop ho hem resolt, he tornat a baix a gestionar enviaments. I llavors he tornat a rumiar sobre la construcció *ple de*. Ara ja sé on es diu, però encara em cal saber com s'ha format. No acabo de veure-ho.

Rumiant sobre el tema, m'ha vingut al cap una construcció similar: *tot de*. Significa el mateix, 'molt'. Aquesta construcció, però, l'he sentida arreu i la diu molta gent (a diferència de *ple de*). Però el cas és que, estructuralment, és molt semblant a *ple de*. Vegeu, sinó: *Al parc hi ha tot de canalla jugant*; *A l'armari hi tinc tot de roba vella*; *Trobareu tot de gent que pensa com jo*; *La terrassa estava decorada amb tot de garlandes*. Fixeu-vos que, en aquestes frases, na Maria Montserrat segurament hauria dit *ple de*: *Al parc hi ha ple de canalla jugant*; *A l'armari hi tinc ple de roba vella*; *Trobareu ple de gent que pensa com jo*; *La terrassa estava decorada amb ple de garlandes*. Per tant, són construccions idèntiques. L'única diferència és l'abast territorial: *tot de* ho diu molta gent, mentre que *ple de* es diu tan sols al Maresme i a Badalona. I, per la mateixa raó, *tot de* és propi de la llengua estàndard, mentre que *ple de* no ho és. Per això, a mi —que he après català a Osaka— l'expressió *tot de* em sona normal, mentre que l'expressió *ple de* no em sona normal (i per això em va cridar l'atenció quan vaig sentir-la).

Si tenim *tot de* i *ple de* en paral·lel, podem mirar de treure'n alguna conclusió. A banda de llur estructura i llur significat, que són els mateixos, què més tenen en comú? Mirem el mot *tot*. Què significa? Doncs 'absolutesa'. En efecte, quan diem *tot* volem dir 'el conjunt absolut'. Per exemple, si hi ha 127 paquets, la construcció *tots els paquets* significa els 127 paquets. Ni un menys. (És cert que, en alguna frase, la idea 'absolutesa' és més abstracta que real. Per exemple, puc dir *Em conec tot*

Barcelona, frase que no és real, perquè, per molt que l'hagis rondat, sempre queda un racó on no hi has estat. També es diu *Tot aquell que vingui disfressat...*, on *tot* té un altre valor, similar al de *qualsevol*. També hi ha *tot i...*, que significa 'malgrat' (*Tot i la pluja dels últims dies, continua faltant aigua*), i també *...i tot* posposat, que significa 'inclòs' (*La policia va escorcollar el barri sencer, l'església i tot*). També apareix precedint un gerundi, sense gaire valor: *Caminàvem tot xerrant*. Però això no treu que el significat bàsic de *tot* sigui 'absolutesa'.)

I què significa *ple*? Doncs també 'absolutesa'. Vegeu si no: quan dic *El vas és ple d'aigua*, vol dir que la quantitat d'aigua ocupa tot l'espai disponible dins el vas. (El mot *ple* apareix en altres construccions, però totes evoquen 'absolutesa'. Per exemple, *en ple* (*L'equip en ple va celebrar el títol*, en el cas d'esports, o *En ple estiu s'ha de beure molta aigua*) o *de ple* (*L'has encertat de ple*).)

I el concepte 'absolutesa' és proper al concepte 'molt'. En efecte, si un vas és ple d'aigua, té molta aigua. I si parlem de tots els paquets que hi ha en un contenidor, generalment volem dir que el contenidor és ple de paquets, ergo té molts paquets. Ja tenim el lligam del significat.

En resum: els dos mots que indiquen 'absolutesa' (*tot* i *ple*) ocorren en una construcció seguits de la preposició *de* per a indicar 'molt'. No pot ser casualitat. Una altra cosa és que una construcció s'usi més que una altra a nivell territorial.

L'únic que em falta determinar és com s'han pogut crear aquestes construccions. Quin context ha portat a fer que es creessin? Busquem frases on surtin *tot* i *ple* indicant 'absolutesa' (o un concepte molt proper) i que puguin portar a la creació de les construccions *tot de* i *ple de*, és a dir, que en la frase també hi aparegui la preposició *de*. Per exemple, si en un balcó hi ha moltíssims testos amb flors, hom pot dir: *Al balcó hi tinc moltes flors*. Correcte. Però també pot dir: *Tinc tot el balcó amb flors*; o també *Tinc tot el balcó de flors*, que, amb una lleu recol·locació dels mots, pot ser també *El balcó, el tinc tot de flors.* D'aquí pot sorgir *Tinc tot de flors al balcó*; i aquesta frase permetria la reinterpretació de *tot de* com un quantificador, que després permetria dir que *Tinc tot de roba vella per llençar.*

Amb *ple* seria si fa no fa el mateix. Hom pot dir *Tinc el balcó ple de flors* (aquesta estructura és la que jo havia entès al principi, si us en recordeu). Amb una lleu recol·locació dels mots, pot esdevenir *Tinc ple de flors el balcó.* Ahà!

Sí: és a partir d'aquí que *tot de* i *ple de* es reinterpreten. Ja ho tinc!

Quinze dies després, efectivament, na Maria Montserrat s'ha presentat a la feina. Ara, na Claudia i jo ja som amics seus i ja plantegem de fer un viatge les dues famílies plegats. Na Maria Montserrat inspecciona tots les canvis que hem fet i hi dona el vistiplau. Emplena a mà un formulari i ens el lliura. En comptes de lliurar-lo a na Dèbora (que és a qui hauria de donar-lo), me'l dona a mi. Llegeixo el que hi ha escrit a mà: *Aquesta empresa ha fet ple de canvis en els seus horaris de feina en dissabte i, per tant, compleix la normativa vigent.* Me la miro, i ella, amb un somriure a la cara, em pica l'ullet.

Quan na Maria Montserrat se n'ha anat, na Dèbora s'està asseguda sobre la seva taula, amb els braços plegats, mirant-me de fit a fit. Us aviso que a na Dèbora se li escapen poques coses, per tant no m'ha estranyat gens que digués:

—Hiroshi, maco, que et tira la canya, aquesta inspectora?

No sé si ha vist que la inspectora m'havia picat l'ullet (no estaven cara a cara, però haig de reconèixer que na Dèbora té ulls per tot arreu); en tot cas, segur que ha percebut la connexió (el *bon rotllo*, diuen els desmenjats) que hi havia entre na Maria Montserrat i jo. Tampoc se li ha escapat el detall que m'ha lliurat el full a mi i no pas a ella (i detalls així diuen molt, encara que no ho sembli). Afegim-hi, a més, que vaig demanar

a na Dèbora el telèfon de na Maria Montserrat fora de la feina.
No m'estranya, doncs, que ara tingui sospites...

Jo li responc:

—No siguis gelosa, dona.

Li dic això perquè na Dèbora és homosexual. I no és
descartable que es posés gelosa en veure la química que hi
havia entre na Maria Montserrat i jo.

—Segur que no hi ha res, entre vosaltres? —hi insisteix— Res
de res? Ja saps que, per fer funcionar aquesta empresa com un
rellotge suís, ho he de saber tot dels seus treballadors.

Ho havia de revestir d'una raó tècnica, és clar. I certament
tenia raó, ha d'estar al cas de totes les flaques dels seus
treballadors (i a fe de Déu que és eficient en aquest terreny).
Però, no sé per què, hi continuo percebent un deix de gelosia.

—És un amor platònic, dona. No t'ha de preocupar.

En efecte. És amor per la llengua.

8. Para compte amb allò que vols, perquè s'acomplirà
(I)

A na Queralt encara li dura el disgust. Està dolguda perquè es pensa que vaig intentar lligar amb ella (feu memòria: quan vaig aprendre la paraula *cardar*; malaprendre, seria més precís).

Jo ja vaig demanar-li perdó segons els costums japonesos, acotant el cap i dient totes les fórmules de disculpa que toca. Al Japó això funciona així. Però ella, impertèrrita, continua ofesa. No accepta les meves disculpes!

He de mirar de resoldre-ho. Rumio a veure què puc fer. Aquí el tacte i la diplomàcia seran fonamentals.

Puc convidar-la a menjar alguna cosa a migdia a fora de l'empresa —ens cal estar sols, això és evident—. Na Queralt sol dinar a l'oficina, porta una carmanyola (ella en diu *tàpert*) i s'escalfa el menjar al microones. Per tant, no serà fàcil. A més, si li ho dic de paraula es tancarà en banda. Calla: potser li envio un missatge al mòbil. La pantalla farà de filtre i potser li esquerdaré aquest caràcter tan geniüt que té.

Em mig amago entre els prestatges que tenim a la banda oest de la nau. Trec el mòbil i començo a teclejar. Faig i refaig les frases unes quantes vegades. Costa molt de trobar les paraules.

Al final queda això, a veure què us sembla:

Estimada Queralt: voldria convidar-te a dinar avui, en algun restaurant dels qui hi ha al polígon, per poder parlar amb tu sobre el que va passar l'altre dia. Acceptes?

No sé si farà efecte...

—Hiroshi!

Quin ensurt! Quasi em cau el mòbil. Em giro i era... ella! Na Queralt!

—Hiroshi, fa estona que et busco —parla amb to de retret—. Que t'amagues, pas? Escolta, fa dies que no puges a donar-me el teu full horari. Que no vols cobrar a final de mes? Que no ho veus, que em fas anar malament, si no em portes els fulls quan toca?

No puc articular cap mot. Encara tremolo de l'ensurt.

—Em sap greu. No tornarà a passar.

—Porta'm els papers sens falta! Belluga't!

Ho ha dit amb un to sec. Es nota que encara està dolguda. I se'n va, caminant de pressa.

Quan el cor comença a bategar a un ritme més normal, m'assereno. Quin mal geni!

Segueixo rumiant, i llavors ho veig clar. Ja sé com ho he de fer.

Més tard he pujat a donar els papers a na Queralt. Ella els ha agafat. No semblava contenta: feia morros. Me n'he anat. Espero que funcioni.

Al cap d'una estona, quan ja gairebé era migdia, na Queralt surt de l'oficina. Baixa les escales i ve cap a mi. S'apropa relaxada i mig somrient. Sembla que ha fet efecte.

—Val, d'acord, anem a dinar...

Ho diu allargant les vocals tòniques i —detall important— amb la cara brillant, lliure de la rigidesa d'abans. Bravo!

Quan havia pujat a donar-li els papers, entre els fulls propis de la feina hi havia posat un altre full escrit a mà. Hi deia:

Queralt: ja sé que estàs molt enfadada amb mi. I tens raó. Sóc un estúpid. Per això m'agradaria poder anar a dinar amb tu i explicar-te per què vaig ser tan poca-solta aquell dia. I, si cal, tornar a demanar-te disculpes. Però et demano una oportunitat per a explicar-me. Només et demano això. Si no em dones aquesta oportunitat continuaré trist durants bastants dies. Atentament, Hiroshi.

La cosa ha funcionat: li he estovat el cor i he aconseguit que anem a dinar plegats.

Mentre anem caminant cap a un dels restaurants del polígon, na Queralt em diu:

—No estava enfadada, Hiroshi: estava emprenyada.

Dedueixo que *emprenyada* és més que *enfadada*.

—Però has acceptat de venir a dinar.

Riu una mica, i contesta:

—Bé, posa que estava empipada, doncs.

Ah, *empipada* deu ser més que *enfadada* però menys que *emprenyada*. Això, per als japonesos, és fàcil de capir, perquè fem sovint distincions subtils d'aquesta mena.

—Ho vaig fer sense voler —li dic.

—Mm...

—I com que tens aquest caràcter que quan t'enfades cauen llamps i trons, doncs...

Na Queralt torna a riure.

—Ja ho sé, ja... Pobre de qui em faci enfadar...! No sap amb qui se les heu!

Ja tornem a topar-nos amb frases incomprensibles! Què m'ha dit, que si un pobre la fa enfadar no sap qui és Lezeu? I qui és Lezeu? Un personatge bíblic? Segurament.

Tampoc entenc per què parla d'un pobre. Si és un ric qui la fa enfadar, respondrà diferent?

—I què li fas, a un pobre, si et burxa?

—Et ben juro que sabrà qui sóc jo!

O sigui que el pobre no sap qui és Lezeu però sí que sabrà qui és ella. Deu ser la manera catalana de resoldre greuges.

—No he acabat d'entendre què li passa, al pobre aquest —hi torno.

—Que no sap amb qui se les ha d'haver. Ja et ben dic: qui me la foti, se les haurà amb mi!

Em sembla que començo a entendre-ho. Deu ser un verb (*heure*, *haure*... potser variants d'*haver*?), que va amb els pronoms febles *se les*, que no sé tampoc a què fan referència.

—Què vols dir amb això d'*haver-se-les*? —pregunto.

—Doncs que es prepari!

—Que es prepari? Per a què s'ha de preparar?

—No, home, no —torna a riure na Queralt—. *Haver-se-les amb algú* vol dir dir que hi ha bronca, garrotades.

—Doncs no ho havia sentit mai...

—Doncs és més vell que l'anar a peu...

Més vell que qui? Que l'Anna Peu? Qui és, aquesta? Un altre personatge històric misteriós? A les classes de català d'Osaka, el professor ens va ensenyar la frase feta *ser més vell que Matusalem*, i també ens va dir que Matusalem era un personatge bíblic (es veu que els personatges de l'Antic Testament, com Abraham o Noè, vivien més de cent anys!). Deu ser el mateix.

—Queralt, qui era l'Anna Peu?

Na Queralt torna a riure, ara amb més força.

—Volia dir que això és més vell que el cagar!

—Ah!

He dit "Ah!" però tampoc he entès res. Però he preferit fer veure que ho entenia...

Mentre seguim avançant, passem pel costat d'un descampat on hi ha tres ametllers. Na Queralt s'hi fixa i em diu:

—Guaita: els ametllers volen florir!

Vejam: ha dit *els ametllers volen florir*? Què vol dir, això? Que jo sàpiga, *voler* indica ganes de tenir una cosa. Per exemple, a l'hora de dinar, un pot voler macarrons. O un pot voler un Ferrari, encara que no pugui pagar-se'l. O un pot voler viatjar a Egipte.

Però es pot voler florir? Els arbres floreixen perquè els toca florir segons el cicle de la natura, no?

—Al Japó ens agrada molt la temporada de quan floreixen els cirerers; per a nosaltres és una festa —li dic, per tal de seguir el seu fil.

—Ah, sí? Explica'm més coses d'aquesta festa.

Arribem al restaurant mentre li explico què fem quan floreixen els cirerers. Un cop al restaurant, mentre dinem, li relato tot el que va passar aquell fatídic dia: que el dia abans havia vingut en Lluc —aquell que ve de reforç de tant en tant— i que deia *cardar* a tot, de manera que jo vaig pensar que es podia dir sempre, i que no sabia que a Barcelona significava fer l'acte sexual.

Na Queralt es va fer un tip de riure. Sort!

Quan jo ja anava pel segon plat —ella no, que només havia menjat un plat— vaig preguntar-li per aquell ús de *voler* tan estrany que havia sentit en passar davant dels ametllers.

—Escolta, abans, quan has dit que els ametllers volien florir, dius més frases semblants?

Na Queralt sap que m'agrada preguntar coses sobre la llengua, per tant no s'estranya, i fa l'esforç de donar-me informació útil. Es posa a pensar, amb els ulls mirant cap dalt a la dreta, i em diu:

—Vejam... sí, puc dir també: *La lluna vol sortir.*

—I quan ho dius, això?

—Doncs quan la lluna està a punt de sortir.

—Vols dir quan falta uns minuts perquè surti?

La noia rumia una mica i em respon:

—No, no, més aviat quan falta uns segons perquè surti.

—I llavors, quan has dit que els ametllers volien florir, vols dir que ara, quan tornem a passar per allà, ja estaran florits?

Na Queralt esclata a riure, un riure sorollós i sa. Ja ha tret tota l'agror que duia a dins.

—No ben bé —acaba dient—. Però demà potser sí que estaran florits. Quan dic *voler florir* o *vol sortir*, evoco imminència. En el cas de la lluna, la imminència va de segons. En el cas del floriment dels arbres, la imminència pot ser unes hores. No sé si m'explico.

—Sí, sí, t'expliques. Està bé. Gràcies.

Acabem de dinar i ens en tornem a la feina. Passem per davant dels ametllers i na Queralt té raó: els ametllers encara no estan florits. Haurem d'esperar-nos a demà.

Amb tot aquest dinar, jo m'he quedat més tranquil d'esperit, perquè ja no hi haurà tibantor entre ella i jo. Em penso que ella també se sent més alleujada.

Quan arribem a la feina, en entrar, al pati, en un racó, hi veig n'Ovidiu amb el senyor Magnussen. El senyor Magnussen és el cap de vendes d'una empresa molt gran instal·lada a Barcelona. És alt com un santpau i d'allò més prim, amb els cabells blancs i la pell d'un color molt fi. Sempre va vestit amb trajo fosc i corbata. En els enviaments, sempre confia en nosaltres. Això vol dir que treballem molt bé: el senyor Magnussen és molt exigent. N'Ovidiu és, precisament, el nostre operari que sol encarregar-se de les feines encomanades per l'empresa del senyor Magnussen. És rabassut i grassonet, i té la pell i els cabells morens. El contrast entre tots dos és gairebé còmic.

—Queralt —dic—, si no et sap greu et deixo, que hi ha el senyor Magnussen allà, vaig a veure què diu.

—No, no me'n sap, home! Au, ves!

—A reveure —li dic.

—Siau!

M'apropo al senyor Magnussen i a n'Ovidiu.

—Senyor Magnussen! Bon dia!

—Bon dia, senyor Koizumi Hiroshi!

No, en Magnussen no s'ha equivocat. No ha dit el meu nom al revés. En japonès (igual que el xinès, i crec recordar que en hongarès també es fa així), primer es diu el cognom i després el nom de pila. Passa, però, que el senyor Magnussen és un home llegit i viatjat, i coneix moltes coses culturals d'arreu del món. Sempre li agrada aprendre coses d'altres cultures.

Com a resposta, li dic:

—Molt bé, gràcies. I vostè?

—Gaudint de la vostra companyia, gràcies.

Quan m'interpel·la, el senyor Magnussen m'anomena bé amb el nom i el cognom, bé només amb el cognom; però mai m'anomena pel nom de pila a seques. Cridar algú pel cognom és una marca de cortesia i alhora de distància (d'això, com sabeu, els japonesos en sabem un niu). En l'àmbit comercial, això és habitualíssim en el món germànic i al món anglosaxó. Fins i tot fan els francesos i els espanyols, que són els veïns dels catalans.

Ara: els catalans no: a la mínima que podeu ja esmenteu la gent pel nom del pila. Jo he caigut en aquesta manera de fer catalana, però amb el senyor Magnussen mantinc el tractament formal, perquè és un client important i perquè entenc que, segurament, així ell també se sent més còmode. De nom de pila es diu Göran.

Una cop ens hem saludat, li demano per la seva visita:

—Què l'ha portat, fins aquí, senyor Magnussen? Podem ajudar-lo en res?

—Volia comentar-vos alguns detalls de la propera tramesa. Podia haver-la fet per telèfon, però com que hi ha força detalls que requereixen aclariments, he preferit venir personalment.

N'Ovidiu intervé en la conversa:

—El senyor Magnussen m'estava explicant què tenen entre mans. Li he dit que havies sortit a fer el *prânz*, i que es podia esperar a la sala, però ha preferit fer-me companyia mentre nejeto aquests bidons.

Efectivament, eren davant l'aixeta del pati, i a terra hi havia un toll d'aigua, al voltant del desguàs, i uns bidons ja nets en un racó.

El senyor Magnussen parla el català perfectament, llevat del deix fonètic germànic. N'Ovidiu, en canvi, té una fonètica millor, perquè el català i el romanès tenen els mateixos sons, excepte les erres, que n'Ovidiu pronuncia de manera molt marcada. Ara: n'Ovidiu té un problema, que és que quan parla sempre se li escapa alguna paraula o expressió romanesa. Ara ja m'he habituat a sentir *prânz* i sé que vol dir dinar (en italià es diu d'una manera molt semblant).

—Bé —li dic al senyor Magnussen—, si m'acompanya a la sala de reunions... Vol que n'Ovidiu també hi sigui, tenint present que, segurament, ell s'encarregarà d'aquesta feina, com és habitual?

—Sí, ja m'està bé. Però abans volia fer-li una pregunta, senyor Koizumi.

—Vostè dirà.

—És sobre aquest rètol.

M'assenyala el rètol que hi ha just damunt l'aixeta. Hi diu: *Aigua no potabilitzada.*

—Sí. Què li passa, al rètol? —pregunto, tot encuriosit.

N'Ovidiu hi afegeix:

—Abans també hem parlat de *semnul,* i no he pogut aclarir-li res. A veure si tu pots fer-ho, que en saps més de llengua!

Els romanesos posen l'article al darrere, *ul.* I ja sé que *semn* està emparentat amb *senyal.* Pel context puc entreveure el significat de les paraules romaneses que, de tant en tant, deixa caure n'Ovidiu. El senyor Magnussen formula la pregunta:

—Voldria saber el següent: l'aigua, és potable o no és potable?

No acabo d'entendre la pregunta; responc:

—Home, el cartell vol dir que no està potabilitzada...

—Ja. Però l'aigua que surt d'aquesta aixeta, és potable o no?

La veritat és que, una pregunta així, costa de respondre.

—Bé, no podem garantir que sigui potable...

—Però ho és o no?

—Doncs... diria que...

—Es pot beure? —hi insisteix el senyor Magnussen.

—Home... —balbucejo— de beure's, sí que podria beure's, si un vol. Però jo no ho faria, perquè...

—Però pot beure's, sí o no?

No em direu que no era una conversa surrealista.

Tot ve perquè el senyor Magnussen és danès. És a dir, de mentalitat germànica. I, per als germànics, tot ha de quadrar. L'aigua, o és potable, o no és potable. No pot ser que no se sàpiga si es pot beure o no es pot beure. Per a un mediterrani, aquest estat de les coses, més indefinit, és perfectament possible.

—Em sap greu, senyor Magnussen, no puc ajudar-lo. Ara, si té set gustosament li oferiré un got d'aigua dalt a la sala de reunions...

—Gràcies, gràcies, no cal, senyor Koizumi Hiroshi, només volia un aclariment.

Enfilem tots tres cap a la sala de reunions, i n'Ovidiu, que no té estudis però és viu com la fam, en diu ben alt (perquè el senyor Magnussen ho senti):

—Hiroshi, què et sembla si proposem de fer potable aquesta *apă*? Si vols, *mâine* puc dir a en Juanjo de manteniment que miri què costa una potabilitzadora i així tindrem *apă potabilă* al pati. O que connecti l'aixeta a la canonada municipal, que ja ve amb clor.

Penso: ben vist, Ovidiu: el client és el client! Així que li dic:

—Està bé, la teva proposta, Ovidiu. Te n'encarregues tu mateix de parlar-ho amb en Juanjo?

—Sí senyor. *Mâine, voi vorbi cu el.*

Allà hem deixat la conversa perquè ja estàvem a punt d'enfilar l'escala cap a la sala de reunions, però el meu cervell ja no estava per aixetes d'aigua potable ni pel senyor Magnussen.

En efecte, el cervell m'ha fet un clic. He passat prou hores amb n'Ovidiu per a saber que, en romanès, *vrea* significa 'voler' (els romanesos tenen un altre verb per a dir 'voler', *dori*). A vegades, quan anàvem al bar del davant, diu coses com:

—*Eu vreau* un entrepà de pernil.

Per tant, és claríssim que, en la darrera frase que ha dit n'Ovidiu abans de pujar a la sala de reunions, ha usat l'equivalent del verb *voler* en romanès; i que, alhora, s'entén claríssimament com un futur. No m'ha dit que demà volia parlar amb ell, sinó que demà parlarà amb ell. Per si hi hagués dubtes, ha dit *maîne* 'demà'.

Caram, caram. Això es posa interessant... I la cosa encara s'ha animat més quan hem arribat a la sala de reunions. En sortia en David (recordeu, l'informàtic, del Priorat). Anàvem a creuar-nos, però ell s'atura davant meu i em diu:

—Hiroshi, no que em vas dir que t'hai' d'actualitzar lo gestor de correu del portàtil?

—Sí.

—Doncs aquesta tarde t'ho puc fer. Si et va bé, me'l dons i t'ho fai en un tres i no res.

No he acabat d'entendre què volia dir, si ho faria en tres minuts o si ho faria a tres ordinadors alhora. Però tant és: el que compta és que ho faci, un ordinador que no s'actualitza al cap del temps comença a anar poc fi. Jo responc a en David:

—Ha de ser aquesta tarda o pot ser un altre moment? És que ara tinc feina, ha vingut un client.

—Millor aque'ta tarde, més endavant no sé quan t'ho podré fer. Te'n faries creus, de la fenya que tinc!

No he entès què era allò de *fer creus*, però sí que he entès que ara té un moment per a fer-ho i més endavant ves a saber si el tindrà.

—D'acord, d'acord, aquesta tarda.

—Portaràs-me l'ordinador, doncs.

—Sí, sí, de seguida ho faré.

I llavors he entrat a la sala de reunions.

La reunió amb el senyor Magnussen ha durant bastant. Realment, era una comanda complexa. Just quan el senyor Magnussen se n'ha anat, na Queralt m'ha cridat.

—Hiroshi! Tens una videotrucada de la Planelles. Diu que vol parlar amb tu.

—Ara vinc.

Ja veieu que la feina no s'acaba mai, en una empresa com la meva.

M'he atansat a l'ordinador de na Queralt i, efectivament, a la pantalla hi havia na Planelles. El seu nom de pila és Misericòrdia, però sempre l'anomenem pel cognom.

És d'Alcoi, i és la nostra comercial per a Espanya i Portugal. És d'una dona d'uns cinquanta anys, cara-rodona, llavigruixuda i pèl-roja, tot i que sempre té una metxa tenyida d'un color llampant (generalment lila). I és molt simpàtica.

—Hola, Planelles —li dic—. Què hi ha?

—Xe, Hiroshi, cada dia estàs més bonico! —em diu la dona— Deus gastar una crema rejovenidora secreta...

Na Planelles sempre té paraules amables i gracioses envers els altres. Típic dels comercials. Vaig aprendre que, d'això, els catalans en diuen *ensabonar*. Primer em va costar entendre-ho, però després vaig veure clara la metàfora amb el fet de fregar algú amb sabó. Bé, el cas és que jo li contesto:

—Vaig fent. Què expliques?

—Que què conte? Necessite que faces una faena. Hi ha un client de Madrid que tenia de rebre diversos paquets, i solament n'ha rebut la mitat. És una comanda que provenia de la Xina, i van desembarcar al port de Barcelona fa dos dies. Aquell mateix dia, la tramesa ja era al nostre magatzem de Barcelona, i vau reenviar-ho. El material ha aplegat hui de matí a la seua destinació. M'ha picat per telèfon hui al migdia, vol saber què ha passat.

Em fa gràcia com els valencians pronuncien la *v*. Sona com una *f*, però més forta (igual que en francès o anglès). En canvi, els catalans la pronuncien com si fos una *b* (igual que fan els castellans).

Jo li responc:

—Ho miraré. Faré un seguiment... Passa'm les dades del lliurament.

—Te les envie al mòbil.

—Entesos.

—A vore si serà que els paquets s'havien quedat ben al fons, i el camioner no podia haure'ls!

—Eh?

—Que tal volta no podia agarrar-los de tan al fons que els havia posat!

—Ah!

—Bé, ho deixe a les teues mans.

—Entesos.

De mig matí fins a mitja tarda, havia viscut un devessall d'informació lingüística. Només em faltava aquell *haure* que sembla que significa 'agafar'. Al cervell em falten gigues de memòria per a guardar-ho tot! Processar tot això voldrà temps...

El que no sabia en aquell moment és que, les diverses frases que havia sentit al llarg del dia (*volen florir, heure-se-les, haure* i *portaràs-me*), tenien un fil conductor que les connectava.

—oOo—

9. Para compte amb allò que vols, perquè s'acomplirà
(II)

A mitja tarda he anat a cercar n'Ovidiu, perquè m'expliqués més coses sobre el futur en romanès. M'ha explicat que hi ha diverses maneres de dir-lo. Una és posant el verb en present, però acompanyat d'un adverbi temporal que evoqui la idea de futur (per exemple, *maîne* 'demà'). Aquest sistema no m'ha estranyat, ja que així és com ho fem en japonès. Una altra manera és posant les partícula *o* i *să* davant del verb en subjuntiu. Però el que m'ha interessat és que, efectivament, també es pot construir usant el verb *vrea* 'voler'.

Per a un amant de les llengües com jo, allò era un regal del cel.

Fixeu-vos. D'una banda, tenim que, en romanès, per a expressar el futur, s'utilitzar el verb *vrea*, que significa 'voler'. De l'altra banda, resulta que, en català, és possible sentir frases com *Els ametllers volen florir* o *La lluna vol sortir*, com diu na Queralt. I és evident que, en aquestes frases, *voler* no té el seu significat recte, ja que les flors no poden *voler* sortir, ni la lluna tampoc (de fet, la lluna no és que no pugui voler res, és que no pot ni sortir, perquè, en realitat, l'únic que fa és girar a l'entorn de la Terra; però bé, això és una altra qüestió). Per tant, el romanès i el català es comporten igual, en aquest terreny!

La ràbia que em fa que això no m'ho haguessin ensenyat a les classes de català d'Osaka! Em van fer aprendre el futur conjugat, normal i corrent. Em van ensenyar a dir *Els ametllers floriran* o, a tot estirar, si cal indicar 'immediatesa', *Els ametllers estan a punt de florir*. I em van escatimar aquest ús de *voler*. Ja sé que el nombre d'hores d'un curs és limitat. Que no hi cap tot, i que sempre quedaran coses fora del temari. I que, en fi, a un estranger que aprèn català potser és millor ensenyar-li només el futur normal i corrent.

Bé, la troballa que he fet em deixa satisfet, però... Sabeu quan teniu aquella sensació que us deixeu alguna cosa, però, per molt que hi rumieu, no us ve al cap? Quan surts de casa, això passa. Segur que et descuides alguna cosa, dubtes abans de tancar la porta, però, com que no et ve present, al final ho deixes estar i te'n vas. I llavors te'n recordes quan ja ets a l'andana del metro, a punt d'anar a la feina.

Doncs tinc aquesta sensació. He fet una descoberta, sí. Però em fa l'efecte que hi ha més coses, i ara mateix no sé dir què. Vaig rumiant a veure si em ve res al cap. D'un racó del cervell em comencen a venir coses gramaticals del francès, que vaig estudiar d'adolescent al Japó. No el parlo gens bé —la fonètica del francès és endimoniada—, però com que el francès i el català s'assemblen bastant —almenys en l'escriptura—, encara que no el parli he pogut mantenir-lo, poc o molt.

Per què em ve al cap el francès? Vejam, vejam... el verb *vouloir*... Quan s'usa el verb *vouloir*? Significa 'desitjar', és clar. Però té més usos. Què em van ensenyar? Ah sí: que en imperatiu (o fins i tot en condicional), posat abans d'un altre verb en infinitiu, és una marca de cortesia o polidesa (de *politesse*, en diuen els francesos). Per exemple, si et conviden a entrar a un lloc, et diuen *Veuillez entrer*, que en català seria *Sisplau passeu*. També es diu coses com *Veuillez préciser votre demande*, si hom necessita aclariments quan se li ha fet una petició.

En català aquest ús no se sol dir, tot i que, quan na Claudia i jo hem anat a Andorra a fer turisme, m'he trobat algun rètol que ho diu. Per exemple, hi havia unes obres al carrer que tallaven la vorera. El cartell deia: *Vulgueu passar per l'altra vorera. Disculpeu les molèsties.*De ben segur és una influència del francès (a Andorra han tingut històricament escoles franceses). Però bé, no és aquest l'ús de *vouloir* que ens interessa.

He mirat de recordar si el francès *vouloir* pot usar-se amb valor de futur, com en català i romanès. No em ve al cap. Però, és clar, pot haver passat com amb les classes de català: que això no s'ensenyi.

Recorreré al diccionari. Agafo el mòbil i busco un diccionari francès. Segur que n'hi ha en format web i també alguna app. No m'equivoco. Vejam... teclejo *vuoloir* i em surt un article molt llarg. Vaig llegint. Primerament em trobo el significat de 'desitjar', tot correcte. Vaig baixant i em trobo el significat de cortesia de què us he parlat. Bé, més avall, a veure... Ja ho tinc! Diu: "En fonction d'auxiliar, marque le futur proche". És això. Però també diu que és regional. Vet aquí: per això no s'ensenya a les classes de francès. Llegim-ne els exemples: *il veut pleuvoir* 'vol ploure', *il veut faire beau* 'vol fer bo'. Són tots dos contextos meteorològics. Potser en francès solament es fa servir amb verbs meteorològics, encara que no puc posar la mà al foc.

I l'italià? Busco un diccionari en aquesta llengua. El trobo. No sé italià però en l'escrit s'assembla força a les altres llengües romàniques, com el castellà, el portuguès, el francès i el català, i jo conec les dues darreres (i la meva dona les dues primeres). No serà cap obstacle, doncs. Vinga, som-hi: cerco *volere*. Com és lògic, hi ha diversos sentits relacionats amb la idea de 'desitjar'. Però també hi ha un ús —etiquetat com a familiar— per a indicar la probabilitat o la imminència d'un fet. Primer exemple que dona: *Sembra che voglia piovere* 'sembla que vol ploure'. Fenomenal! Un altre exemple: *Il cielo è coperto, vuol nevicare* 'el cel està tapat, vol nevar'. Els exemples també són meteorològics.

Ràpidament penso en na Queralt: en català, ella ho diria, això, en verbs meteorològics? Li ho he de preguntar. Activo la funció de dictar al mòbil i dic:

—Tu també diries *vol ploure* amb sentit de futur?

Miro què hi ha escrit a la pantalla del mòbil:

Tu va bé aniries on moure en ser al llit de fotut?

Quin bunyol! No hi havia caigut, que els sistemes de dictat per a convertir a text funciona bé per a nadius; però la meva dicció no és de nadiu.

A més, només em faltaria enviar na Queralt una frase on hi surten els mots *anar, llit, moure* i un verb que vulgui dir 'fer l'acte sexual'!

Ho esborro tot i teclejo:

Tu també diries 'vol ploure' amb sentit de futur?

Ara. El text és sec, ho reconec. Però na Queralt ja m'entendrà. Com que n'hem parlat abans, no calen gaires floritures.

Al cap de mig minut rebo la seva resposta. No m'arriba un missatge escrit, sinó un missatge de veu enregistrat, que ha degut gravar-se'l ella mateixa al seu mòbil. Diu:

—Sí. Ho diria quan sembla que plourà de manera pràcticament immediata.

Ja tinc el que volia: en català també es pot dir *Vol ploure*, com en francès.

Estic força content per com he avançat. Però... segur que no em deixo res? Calla, deixa'm rumiar. Sí, sí... ja ho veig a venir... Sí, és clar! L'anglès!!!

Com no ho havia vist abans! L'anglès fa com el romanès. Ho tenia davant i no ho veia!

Vegeu, si no: com es diu *Plourà* en anglès? Doncs *It will rain.* (No feu cas del pronom de tercera persona *it*, el posen sempre. L'anglès no pot dir cap frase sense el subjecte, a diferència del català.) Quan un aprèn anglès, de seguida li ensenyen que *will* és l'auxiliar de futur. Així, per a expressar el futur s'ajunten *will* i el verb en qüestió. Però resulta que *will* també funciona com a verb normal amb el significat de 'voler' (per exemple, *He can do it if he wills it* 'ell pot fer-ho si vol'). Fins i tot, com a nom, *will* significa 'testament'; no és estrany, perquè, en català, per a dir 'testament', hom també parla de les *últimes voluntats*.

Resumint: anglès, francès, italià, romanès i català fan ús del verb *voler* per a expressar 'futur'. Certament, hi ha diferències en l'ús. En anglès i romanès, aquesta és la forma normal d'expressar el futur (o una de les formes més normals d'expressar el futur). Per contra, en francès, en italià i català es reserva per al futur superimmediat —terme que m'he tret de la màniga, ho reconec—. A més, en totes tres llengües romàniques s'usa bàsicament en verbs meteorològics, però en català pot aparèixer en algun altre context, pel que sembla. I de ben segur en castellà i portuguès *querer* deu obrar més o menys igual.

Que entranyable! Estic eufòric!

S'ha fet l'hora de plegar. El dia ha anat perfecte: na Queralt s'ha reconciliat amb mi; el senyor Magnussen ens ha encarregat una feina important; en David ja m'ha actualitzat el programa del correu; i jo he aclarit quatre coses lingüístiques.

Estic content, sí, però... encara tinc la sensació que no ho he resolt tot.

Vejam, recapitulem. Sabem que hi ha llengües que empren el verb *voler* per a expressar 'futur'. Això ja és un gran què. Però... el que no sabem és per quin motiu passa això.

És clar: això és el que m'havia de preguntar! En principi *voler* significa 'desitjar'. Per tant: com és que també pot servir per al 'futur'? Ho he de resoldre! Agafo paper i llapis, i m'assec sobre un paquet. Sento de lluny que la gent va marxant, a poc a poc. Ara s'acomiada un, ara s'acomiada l'altre...

Jo estic totalment concentrat, absort en la meva tasca, i deixo que la gent vagi marxant.

Estic concentrat i miro de trobar el desllorigador del tema. Hi vaig donant voltes. De cop, no sé per què, també em ve al cap la darrera frase que m'ha dit en David, l'informàtic: *Portaràs-me l'ordinador.* Aleshores no m'hi he fixat, però ara que m'hi fixo és una cosa una mica estranya.

L'estranyesa me la causen dos fets. Primer, el pronom feble posposat. Diria que no he sentit mai una forma de futur amb el un pronom feble darrere. Amb el verb en futur, sempre es posa davant: per exemple, *Em portaràs l'ordinador, sisplau?* Però ara que ho dius... sí, algun altre cop a en David li ho sentit dir un futur amb el pronom feble darrere. Potser és una manera de parlar de la seva terra.

La segona cosa que m'ha causat estranyesa és el missatge en si. A veure: *portaràs* és una forma de futur del verb *portar* (concretament, la segona persona, 'tu'). Això ho sé segur. El cas, però, és que en David ha usat una forma verbal de futur... en una frase que... com ho diria?, sí, hi ha una idea de futur, és clar, això és obvi. Però també hi ha latent una idea de... sí, 'obligació'! Jo hauria dit *Sisplau, porta'm l'ordinador*, és a dir, amb la forma d'imperatiu. (Ja sabeu que jo parlo molt canònicament.)

Però... per què em ve al cap, això? Estava donant voltes a l'ús de *voler* com a 'futur'... i ara m'encallo en una forma de futur que serveix per a expressar 'obligació' (o 'futur+obligació', si voleu filar prim).

Calla, calla: diria que ja veig el vincle: en totes dos casos hi té alguna cosa a veure el futur...

Ai la mare! On em durà, això? Vejam, hi ha una cosa que tinc clara: el quid de la qüestió és trobar el lligam entre la idea de 'desig' i la idea de 'futur'. Si trobo aquest lligam, trobaré la motivació per la qual el verb *voler* pot expressar 'futur'. Posats a fer, també puc mirar a veure si hi ha cap connexió entre la idea 'obligació' i la idea 'futur'.

He aixecat el cap i he vist que, a fora, s'estava fent fosc. De fet, no era gaire tard; passa, però, que, des d'un hora abans de plegar, s'havia anat ennuvolant. Havien anat venint uns núvols grisos que havien tapat tot el cel. He girat el cap i he vist que en Juanjo, el de manteniment, baixava de les oficines. Devia plegar aleshores. L'home em diu:

—Hiroshi, que no plegues?

—Tinc una mica de feina... —responc, evasivament.

—No t'encantis, que, amb aquests núvols, ha de ploure.

—Gràcies, ho tindré en compte.

M'ha fet somriure que en Juanjo digués *ha de ploure*. Si fos na Queralt, hauria dit *vol ploure*. Quina gràcia...

Ep! Para un moment! A veure si m'ho repeteixo: na Queralt diria *vol ploure*, però què ha dit en Juanjo? Que *ha de ploure*.

Recordo perfectament que, a les classes de català a Osaka, em deien que, per a expressar 'obligació', en català s'usa l'auxiliar *haver de* seguit d'infinitiu (com en francès *avoir à* o en anglès *have to* seguits d'infinitiu). Per exemple, *Hem de denunciar-ho*, *Has de fer-ho millor*, *Hauríem hagut de preveure-ho*, *Quan hauré d'intervenir-hi?*, etcètera.

Quan vaig arribar a Catalunya vaig sentir gent que també deia *tenir de* (per exemple, *Si no hi té de ser, que et truqui abans*), però ara això no té importància. El que m'importa ara és que, claríssimament, *haver de* seguit d'infinitiu expressa 'obligació'. Aleshores, per què en Juanjo ha dit *ha de ploure*? Que hi ha l'obligació que plogui, en aquest país? És obvi que no.

El més gros és que, un altre cop, apareix la idea de 'futur' expressada amb una construcció que no li toca, ja que, a priori, aquesta construcció assenyala 'obligació'. Aquí és a la inversa de la frase d'en David (*Portaràs-me l'ordinador*).

Ara que hi penso, en anglès passa una cosa semblant. He dit que *will* era l'auxiliar de futur, però en tenen un altre: *shall* (*She shall do it* 'ella ho farà'). Però *shall* també expressa obligació! Vegeu: *The agreements of the city council shall be public* 'els acords presos a l'ajuntament han de ser públics'. Fixem-nos que aquesta frase també es pot dir amb *must*, que és el mot per excel·lència per a indicar 'obligació': *The agreements of the city council must be public*.

És evident que la idea 'futur' i la idea 'obligació' també tenen vincles. Això cada cop es posa més interessant!

Abans de posar-m'hi a fons, penso que encara hauria de cobrir un dels flancs que tinc obert: ja hem vist que hi ha dos contextos on la idea 'futur' i la idea 'obligació' es presten mútuament la seva manera d'expressar-se. Molt bé. Abans d'aprofundir-hi, pregunta obligada: hi ha altres contextos on 'futur' i 'obligació' tinguin una relació semblant?

Pensem en situacions hipotètiques. Per exemple, una mare ha manat a un fill que vagi a comprar el pa. Ja fa estona i el noi encara no hi ha anat. La mare es planta a l'habitació de fill i li diu: "Nen, encara no has anat a buscar el pa".

No és una pregunta; és una afirmació. Què li està dient, la mare? Aparentment, està fent una constatació: el fill encara no ha anat a buscar el pa. Però la mare no està dient això, en realitat. Està dient una altra cosa al nen: cal que vagi a buscar el pa. És a dir, 'obligació'. En efecte, quan un nen sent aquesta frase no respon pas: "És una obvietat, que encara no he anat a buscar el pa. Si no és el seu lloc, és que no l'he anat a buscar. Llavors, per què ho dius?".

No. El que fa el noi és deixar el que està fent i anar a la fleca a buscar el pa. La mare li ha dit formalment que encara tenia pendent de fer una feina que li havia manat. Dit altrament, en el fons estava manant-li novament que anés a buscar el pa.

Ja ho veieu: formalment, aquesta frase expressa que hi ha quelcom pendent de fer-se; però en el fons expressa 'obligació'.

A veure si en trobo més contextos. Vaig donant-hi voltes. Busquem expressions d'obligació. El verb *caldre*, per exemple: *Cal denunciar-ho* o *Ja cal que hi anem*. Sí, *caldre* expressa 'obligació'. Pero expressa alguna cosa més? Sí, també expressa 'necessitat'. Quan responem *No cal que ho facis*, tant pot ser 'no estàs obligat a fer-ho' com 'no necessitem que ho facis'. I més sec, *No cal* o *No em cal* ve a ser 'no ho necessito'. En francès em sona que passa quelcom semblant. Tenen el mot *besoin*, que significa 'mancança' (per exemple, hom pot dir *être dans le besoin*, que vol dir 'trobar-se en situació de pobresa', 'estar necessitat' (que dit així, sense res més, fa referència a un estat de pobresa)). El mot francès apareix en les construccions *au besoin* 'si cal, en cas de necessitat, si fa falta', *faire beison* o *il est besoin de* 'caldre, ser necessari, fer falta' i, dit d'algú, *avoir besoin de* 'caldre, ser necessari, fer falta'. Doncs bé: aquesta darrera expressió també pot expressar 'obligació' (encara que sona una mica antiquat).

En aquell moment ha marxat en Brauli, el xicot de la recepció. M'ha vist de lluny i m'ha dit:

—Fins demà, Hiroshi!

—Fins demà —li he respost.

—I no treballis tant, home, que deuen ser les set del vespre, ja!

A Osaka ja vaig aprendre que aquest *deure* seguit d'infinitiu indica 'probabilitat'. S'usa quan un creu que hi ha una cosa, però no en té la certesa absoluta. A vegades, quan algú demana l'hora i el qui contesta pensa que són les dotze (o cap a les dotze) però no n'està segur, diu *Deuen ser les dotze*. També he arribat a sentir *Seran les dotze*, sobretot entre els castellanoparlants (potser és una influència d'aquesta llengua). Aquí torna a sortir un temps verbal en futur que no expressa 'futur', sinó 'probabilitat'... Caram!

Ei, para, para, para! Estic donant per fet que *deure* expressa només 'probabilitat'. Certament, seguit d'infinitiu, en català només l'he sentit amb aquest valor. Però el sentit general de *deure* és d'una certa obligació, per exemple a la frase *Li deuen molts diners*, o *Ens devem lleialtat mútua*, o *Em deu una explicació*. Aquí, el verb *deure* no va seguit d'infinitiu, però la idea és d'una certa 'obligació'. Pot ser que el verb *deure* seguit d'infinitiu expressi 'probabilitat' però també 'obligació'? Vejam: en francès això és així. En aquesta llengua, *devoir* indica 'obligació' (per exemple, *Les choses qu'on doit savoir* 'les coses que un ha de saber') però també indica 'probabilitat' (*Vous devez être fatigué, après ce long voyage* 'deveu estar fatigats, després d'aquest llarg viatge'). I en espanyol em fa l'efecte que, quan va seguit d'infinitiu, el verb *deber* expressa igualment 'obligació' (*Deben repartir el material en un lapso de dos días* 'han de repartir el material en dos dies', havia llegit en un correu electrònic d'un client de Sevilla) i 'probabilitat' (*Debe de haber llovido* 'deu haver plogut', vaig sentir dir un cop a un company de feina quan al matí el terra era moll). Podria ser que l'italià *dovere* també funcionés igual. He consultat un diccionari italià a internet i, efectivament, també té els dos sentits.

Si el francès, el castellà i l'italià tenen dos sentits per a llurs verbs, no podria ser que en català també fos així? Hauria de comprovar-ho. Trec el mòbil i accedeixo al diccionari de l'Institut d'Estudis Catalans. Dona diversos sentits per a *deure*, com els que he dit abans. Al final indica que *deure* seguit d'infinitiu expressa 'probabilitat', i posa exemples com *Seieu:*

deveu estar cansats o *Se'n va anar corrents: devia tenir pressa*. Però just abans indica que, igualment seguit d'infinitiu, també pot expressar... 'obligació'! Ai caram! Com a exemples porta *Un noi deu obeir els seus pares* o *A mi deu atribuir-se tota la culpa.* He de reconèixer que, tot i que no crec que siguin habituals, aquestes frases tampoc em sonen estranyes. Hauré d'investigar més. Obro el Google i hi cerco frases com *deuen respectar* o *deu obeir*, i trobo que surten bastant. Em fixo, però, que molts exemples són de blogs i webs valencians. Deu ser que a València sí que es diu *deure* seguit d'infinitiu indicant 'obligació'. A més, veig que hi ha força exemples dels quals es desprèn una certa 'obligació moral'.

Com s'embolica la troca! Això sembla un enigma d'un concurs televisiu. Ja podrien inventar un concurs a la tele on s'haguessin de resoldre coses així! Jo segur que hi faria un bon paper. Potser, fins i tot, guanyaria el premi.

Penso que ja tinc prou material recollit. Mirem de sintetitzar-ho i a veure què en trec.

10. Para compte amb allò que vols, perquè s'acomplirà
(i III)

Ara que ja ho tinc tot recollit (crec), he dibuixat sis boles al full, tres afilerades a dalt i tres afilerades a baix. Sembla la bandera dels jocs olímpics, però amb una bola més. En cada bola, a la part superior, hi he escrit un concepte. Els sis conceptes que he escrit són:

- *Futur*
- *Voluntat*
- *Obligació*
- *Probabilitat*
- *Necessitat*
- *Pendència*

Aquesta darrera paraula (*pendència*) no existeix, acabo d'inventar-me-la, però és que no sabia què posar per a dir que una cosa està pendent de fer-se.

La llista m'ha quedat força bé... Sembla una llista de coses d'un curset de tranquil·lització mental, o un PowerPoint d'un curs d'organització empresarial.

I ara vegem quins vincles hi ha entre cadascun d'aquests conceptes. Vaig fent llista, i per cada vincle dibuixo una fletxa que va d'una bola a una altra.

1) Quan una cosa és previst que passi en un futur (per exemple, que demà surti el sol), podem dir que passarà per força. És a dir, és com si hagués de passar obligatòriament. Per tant: *Futur > Obligació*. També, és clar, hi ha una altíssima probabilitat que passi (vaja: si demà no sortís el sol, tothom se n'estranyaria). Ergo: *Futur > Probabilitat*. Fins i tot podem dir que està pendent que passi, en el sentit que no es pot evitar que no passi. *Futur > Pendència*.

2) Quan algú vol fer una cosa, especialment si té un gran desig de fer-la (posem per cas: comprar-se uns pantalons que ha vist en un aparador i que li han fet molt de goig, o comprar per internet la darrera versió d'un mòbil intel·ligent), és molt probable que ho acabi fent. Així doncs, *Voluntat > Probabilitat.* I si és molt probable que s'acabi fent aquella cosa, es pot pressuposar que allò acabarà passant. Doncs *Voluntat > Futur.* És més: com que és molt probable que s'acabi fent aquella cosa i és gairebé segur que en un futur es faci, pràcticament es pot dir que és una cosa que està pendent de fer-se (almenys dins al cervell de la persona que ho ha pensat). Així doncs, *Voluntat > Pendència.*

3) Quan un està obligat a fer una cosa (per exemple, pagar impostos), és evident que, un moment o altre, acabarà fent-ho. Si no, rebrà una sanció. Per tant, *Obligació > Futur.* En cas que encara no ho hagi fet, té pendent de fer-ho (altrament, rebria la multa). *Obligació > Pendència.* I si té pendent de fer-ho i no vol que li posin un càstig, és evident que hi ha una altíssima probabilitat que ho acabi fent. *Obligació > Probabilitat.*

4) Quan una cosa és altament probable que passi (per exemple, és gairebé segur que un dia o altre agafaré un refredat; puc tardar més o menys, però és pràcticament inevitable que l'agafi, per molt que intenti esquivar-lo prenent vitamina C a dojo), hi ha molts números que acabi passant i, per tant, esdevé una cosa de futur, més que no pas una cosa hipotètica. *Probabilitat > Futur.*

5) Quan una cosa està pendent de fer-se (per exemple, quan t'han diagnosticat una malaltia greu i només pots guarir-te si t'operen, en cas contrari moriràs), vol dir que, en un moment o altre del futur, ho has d'acabar fent. No hi ha més remei que fer-ho. *Pendència > Futur.* I, és clar, tot plegat vol dir que estàs obligat a fer-ho, perquè si no et moriràs. *Pendència > Obligació.* I, finalment, és molt probable que ho acabis fent, perquè t'hi va la vida. *Pendència > Probabilitat.*

6) Quan tens necessitat de fer una cosa (per exemple, anar de ventre) segur que ho acabaràs fent en un futur immediat, un moment o altre. *Necessitat > Futur*. De més a més, estàs obligat a fer-ho (podries evitar de fer-ho, però llavors et cagaries al damunt). *Necessitat > Obligació*. I, és clar, és altament probable que ho facis (perquè, si no ho fessis, et passaria el que he dit abans: aniries tot el dia amb els pantalons cagats). *Necessitat > Probabilitat*. I, lògicament, mentre no ho facis tindràs pendent de fer-ho. *Necessitat > Pendència*.

Oidà. He fet una fletxa de bola a bola cada vegada que establia una relació. Em pensava que en trauria l'aigua clara, però la veritat és que ara, sobre el paper, hi ha tant de garbuix que no s'hi distingeix res de res. Hi ha tantes fletxes, trepitjant-se les unes amb les altres, que no s'hi veu un borrall. Però és igual, jo ja m'entenc, que és el que compta.

La conclusió que em ve al cap és que, com que són sis conceptes interrelacionats —en el sentit que un pot i/o sol implicar l'altre—, els recursos lingüístics de què disposem per a expressar un d'aquests significats pot acabar usant-se per a un altre sentit (en principi, qualsevol dels altres cinc sentits).

Fantàstic! Soc un geni! Això explica que una mare digui al fill *Encara no has anat a buscar el pa* (oficialment una expressió de pendència) amb la intenció de tornar a manar-li-ho, i sense recórrer novament a la perífrasi d'obligació *haver de* seguida d'infinitiu. O que en David digui *portaràs-me* en lloc de *porta'm*. O que na Queralt digui que *vol ploure* quan està a punt de ploure. O que en Juanjo digui que *ha de ploure* quan és altament probable que plogui. Fins i tot que un digui *L'ésser humà deu menjar per a viure* (expressant 'obligació') i alhora *Deu ser en Miquel, qui truca* si un no sap qui truca però es pensa que és en Miquel (per tant, 'probabilitat').

Encara més: recordeu que en anglès hi ha el mot *will*, que serveix per a expressar 'futur'. Ja n'hem parlat abans, quan hem vist que, en origen, significa 'voler'. Doncs bé: quan estudiava anglès al Japó, m'explicaven que *will* també s'usa com a auxiliar quan es vol expressar 'probabilitat'. Per exemple, *That will be Mark telephoning* seria en català *Deu ser en Marc, que telefona.* Ostres, que bo!

Això és magnífic! Una medalla per a en Hiroshi! Segur que puc trobar altres casos en què hom usa l'expressió d'un sentit per a un altre sentit. Podem trobar expressions de 'pendència' que porten a expressar 'futur' o 'obligació'? Vejam... si una cosa està pendent de fer-se, normalment què es diu? *Tinc coses per fer*, o *Hi ha coses per fer*, o *Aquestes coses estan per fer.* Amb la preposició *per* abans de l'infinitiu, doncs. Aquestes frases també es poden dir amb *a*: *Tinc coses a fer* o *Hi ha coses a fer.* Recordo que el professor de català d'Osaka, quan acabava una explicació, sempre dia *Cap pregunta?*, i hi havia un alumne que sempre responia: *Res a dir, mestre.* En això, el català em recorda el francès, que també fa servir la preposició *à* en aquest context.

I en les altres llengües romàniques, com s'expressa la 'pendència'? Entenc algunes coses de castellà, perquè alguns treballadors de la planta el parlen; però no el domino ni puc parlar-lo. Hauré de demanar ajut a na Claudia, que ella sí que el coneix, perquè va estudiar-lo a Califòrnia. Li envio un missatge de mòbil i li demano que em tradueixi al castellà les frases de pendència del català amb *per*. No patiu, ella ja sap que sóc un malalt de la llengua. Al cap de cinc minuts m'arriba la seva resposta: *Tengo cosas que hacer, Hay cosas que hacer, Estas cosas están por hacer.* Veig que alternen les partícules *que* i *por*. Li torno a escriure a veure si es pot dir d'altres maneres. Resposta: també es pot dir *Tengo cosas por hacer, Hay cosas por hacer.* També em comenta, però, que amb *que* són més habituals, i que a Sud-amèrica només ha sentit aquestes construccions amb *que*.

Bé, resumint: les expressions de 'pendència', en català es diuen amb les partícules *a* i *per* (*Hi ha coses a fer, Tinc coses per fer*) i en castellà amb les partícules *que* i *por* (*Hay cosas que hacer;*

Tengo cosas por hacer), totes elles seguides d'infinitiu. Ara mirem si aquestes frases poden servir per a indicar 'obligació'. En tot cas, en castellà, quan volen expressar 'obligació', solen dir *Tengo que hacer cosas* o bé *Hay que hacer cosas*. Ho he sentit més d'un cop a alguns companys de feina. La perífrasi verbal *tener que* seguida d'infinitiu és la perífrasi d'obligació per excel·lència en castellà. Aquestes frases que indiquen 'obligació' s'assemblen força a les que indiquen 'pendència': tenen les mateixes paraules, bé que ordenades de manera diferent (pendència *Tengo cosas que hacer* i obligació *Tengo que hacer cosas*). Ja tinc un altre cas de *Pendència > Obligació*! Com s'ha pogut fer aquest canvi? De seguida ho veig clar. Un pot dir *Tengo cosas que hacer* tot volent indicar 'pendència'. Un altre li pot respondre: *Las cosas que tienes que hacer, hazlas*. En aquesta frase hi ha l'expressió de 'pendència', però alhora pot interpretar-se com a 'obligació'. Sí; segur que, a partir d'aquest context, el castellà ha generat la perífrasi verbal d'obligació *tener que* seguida d'infinitiu.

Potser aquest fet també s'ha donat en català. Però hi veig problemes. En efecte, la perífrasi d'obligació és *haver de* (o *tenir de*) seguit d'infinitiu. Les frases que indiquen 'pendència' són amb *haver* o *tenir*, però seguits de les partícules *a* i *per*, i tot seguit un infinitiu. Si de cas, en català hauria hagut de sortir *haver a* i no pas *haver de*. Al capdavall, no es diu *Has a fer coses...*

Aquí m'he encallat. I mira que hi he estat donant voltes, però no n'he tret l'entrellat. Quina frustració! M'he sentit com la vaca cega d'en Joan Maragall, topant de soca en soca, a les palpentes. Vaig aprendre el poema a Osaka, quan estudiava català. Jo anava topant amb això i allò, sense seguir un rumb clar. Per tant, em sentia com la vaca, desorientat. Com feia, el poema?: "Topant de cap en una i altra soca, / avançant d'esma pel camí de l'aigua, / se'n ve la vaca tota sola. És cega. / D'un cop de roc llançat amb massa traça, / el vailet va buidar-li un ull, i en l'altre / se li ha posat un tel: la vaca és cega. / Va a abeurar-se a una font com ans solia, / mes no amb el ferm posat d'altres vegades / ni amb ses companyes, no: ve tota sola". I continua. Eh, què us sembla? Soc bo, eh? Ara: que malparit, aquell vailet que va llançar un roc a l'ull de la vaca...

Pensar en la vaca cega m'ha anat bé, perquè m'ha desenredat els pensaments. En efecte, un cop m'ha marxat la vaca del pensament, m'ha vingut al cap en Manolo. Ja us en parlaré més endavant, d'en Manolo, és tot un personatge. Ara només us dic que porta el bar de davant la nau, que és d'Amposta i que sempre m'enlluerna amb alguna cosa que diu. Em ve al cap com diu ell la perífrasi d'obligació. No diu *haver de*, no; ell diu *haver da*. Per exemple, una vegada va haver-hi una onada de robatoris al polígon, i ell va dir:

—L'Ajuntament ha da posar més vigilància a la nit. Amb una guàrdia de seguretat no en tenim prou! La guàrdia de seguretat fa el que pot, però no arriba a tot arreu!

Hum... *Ha da posar més vigilància.* Per què *da*? Llanço la hipòtesi següent: i si, a partir de la construcció que expressa 'pendència' (*hi ha coses a fer*), primer s'hagués generat la perífrasi d'obligació *haver a* (per exemple, *has a fer coses*) i després hagués canviat a *haver de* (*has de fer coses*)? Si això fos així, l'estadi intermedi seria *da*, com fa la gent de les Terres de l'Ebre (*has da fer coses*).

Crec que tinc una manera de comprovar-ho. A les classes de català d'Osaka em van explicar que hi ha un diccionari que es diu *Diccionari català-valencià-balear*, publicat a mitjan segle XX. Es veu que és enorme, perquè recull paraules de tot arreu i, a més, de la llengua antiga. El professor donava compte de l'existència d'aquest diccionari perquè la majoria d'estudiants que hi havia a les classes de català cursaven estudis de Filologia o Traducció a la universitat. És a dir, gent que han de treballar amb la llengua. Però als qui no estudiàvem aquestes carreres —com jo— ens va alertar que més valia que consultéssim un diccionari normal i corrent. Doncs bé, Martí, professor de català: ha arribat l'hora que el teu alumne consulti el *Diccionari català-valencià-balear*!

Obro el navegador del mòbil i cerco per internet el diccionari esmentat. Apareix ràpid. Hi teclejo *haver*. El text és llarguíssim. Vaig llegint en diagonal, fins que trobo el que busco. És l'accepció II.2. Efectivament, hi diu que "Antigament es combinava *haver* amb l'infinitiu sense preposició o mitjançant la preposició *a* o *de*". Justa la fusta! Vet aquí un dels exemples que porta aquest diccionari, provinent del *Llibre dels fets* del rei Jaume I (del segle XIII): *No podíem fer ço que els hòmens han a fer ab sa muller* (és a dir, el que al segle XXI es diu *cardar*, com he après recentment). Si en Jaume I deia *allò que han a fer*, avui dia diríem *allò que han de fer* (o directament *cardar*, és clar).

Per tant, podem concloure que la construcció per a expressar 'pendència' (formada per *haver* seguit d'un complement, de la preposició *a* i d'un infinitiu) sí que va donar la perífrasi d'obligació *haver a* més infinitiu, que ràpidament va esdevenir *haver de* més infinitiu (tal com es diu ara), bo i passant per un estadi intermedi *haver da* més infinitiu (que és com ho diuen els tortosins). O sigui que torno a tenir raó: les expressions de pendència donen perífrasis d'obligació!

L'eufòria del moment no m'ha impedit de fixar-me en dos detalls més que he vist al *Diccionari català-valencià-balear*.

D'entrada, la primera accepció de l'article. Hi diu que, antigament, *haver* significava 'tenir'. Bo. Com a exemple porta un text de final del segle XII, les Homilies d'Organyà, considerat un dels textos més antics en llengua catalana: *que no haguessen excusa los judeus*. En efecte, ara diríem *tenir*, aquí. O aquest altre exemple, localitzat a Mallorca: *No hages por!*, amb la definició 'no tiguis por'. Més avall (a l'accepció I.4) hi posa *haver-les* o *haver-se-les* o *haure-se-les*, i ho defineix com 'tractar, tenir paraules amb algú, sia discutint, sia barallant-se'. És l'expressió que havia fet servir na Queralt... Doncs bé: recordo que al bloc de pisos on vivim na Claudia i jo, hi ha dos veïns que sempre s'estan discutint. Als altres veïns sovint els sento a dir: *Aquests dos sempre se les tenen.* Exacte! *Tenir-se-les* i *Haver-se-*

les són sinònims. Doncs *tenir* i *haver* són germans. Ara entenc per què es diu per igual *Ja has endreçat la taula?*, d'una banda, i *Ja tens la taula endreçada?*, de l'altra. I encara recordo una altra cosa que em va dir na Claudia. Ella sap que soc un malalt de llengua —òbviament: és la meva esposa— i em va explicar que, quan estudiava castellà i portuguès a Califòrnia, una cosa que la va sobtar és que, per als temps perfets, l'espanyol emprava *haber* i el portuguès *ter* (tot i que al Brasil també es pot sentir *haver*). Així, quan un espanyol (o un sud-americà) diu *Había llegado a la conclusión de que...*, un portuguès (o un brasiler) diu *Tinha chegado à conclusão de que...* Brutal!!!

Segur que si grato una mica més trobaré més contextos on es pot intercanviar *tenir* i *haver*. Recordo una frase feta catalana: *Quan no les pot haver, diu que són verdes*. És clar, es podria dir *Quan no les pot tenir, diu que són verdes*. És la frase final d'una rondalla protagonitzada per una guineu, que vol agafar un raïm i no pot perquè està massa amunt, i acaba dient que, bah!, és verd. Em recorda una cosa que ha dit na Planelles, la nostra comercial d'Alcoi: ha dit *haure* en el sentit d'agafar una cosa que era situada fora de l'abast (*haure els paquets*): vol dir si fa no fa 'aconseguir tenir'. Doncs sí: en català (almenys al centre-sud del País Valencià) es pot dir *haure* en un sentit semblant a 'tenir'. Que bo!

Per tant, ara encara sé una altra cosa: *tenir* i *haver* són verbs germans, i això explica que es digui igualment *Has de venir* com *Tens de venir*.

A fora comença a ploure. En Juanjo tenia raó. La pluja em fa adonar que me n'he anat cap a altres camps. Interessants, sí, però no vull desmarxar-me del tema que tenia entre mans.

Una cosa que em ve al cap és que, la majoria de llengües que he sotmès a anàlisi, són romàniques (català, castellà, portuguès, italià, francès, romanès...), és a dir, filles del llatí. Certament, ha sortit l'anglès... però, si exceptuem l'anglès, tots els exemples són de llengües romàniques.

Podria ser que el llatí —mare d'aquestes llengües— tingués un comportament similar? Ja veieu que no en tinc mai prou. Això de saber més i més és com una droga: al final t'hi enganxes, no pots passar sense i, si ho tens, no en tens mai prou.

Poso al cercador d'internet *future Latin*. Em surten diversos enllaços, que vaig consultant. Tot i que són textos especialitzats, s'entenen bé. A mesura que llegeixo vaig sabent que el llatí tenia unes formes conjugades per al futur. Per exemple, el verb *lavare* 'rentar' té, com a forma de futur (la primera persona), *lavabo* 'rentaré' (que després en català ha designat la cambra de bany). Però es veu que també existia una perífrasi d'obligació amb el verb *habere* i l'infinitiu; és a dir, igual que en català. Aquesta perífrasi d'obligació va anar menjant-se el futur conjugat, de manera que —oooohhhh!— en llatí tardà l'única manera de dir el futur era amb la perífrasi d'obligació!

Estructuralment, aquesta perífrasi d'obligació del llatí —i, amb el temps, l'única manera d'expressar el futur— té una diferència respecte de la perífrasi d'obligació del català. I és que, en llatí, primer anava l'infinitiu i després el verb *habere*. Així, si volien dir 'jo cantaré', deien *cantare habeo* (ara en català es diu *he de cantar*, amb el verb *haver* davant). Doncs bé: aquestes formes perifràstiques són les bases etimològiques sobre les quals es crearia el temps futur de les llengües romàniques. En efecte, la forma llatina *habeo* va donar en català *he*... i com és la primera persona del futur en català? *Cantaré*. És a dir, *cantar + he*. Si fem la prova en qualsevol verb del català —però també del francès o de l'espanyol— veurem que el futur sempre es pot descompondre en l'infinitiu i la forma corresponent del verb *haver/haber/avoir*. Ja tinc un altre exemple d'interrelació entre l'expressió del sentit 'obligació' i el sentit 'futur'!

És boníssim, tot això! Els diversos significats ('pendència', 'obligació', 'futur', 'probabilitat', 'necessitat' i 'voluntat') estan

tan interconnectats els uns als altres que es presten els recursos lingüístics. Així, un recurs lingüístic per a expressar un d'aquests conceptes, pot servir per a expressar un altre d'aquests conceptes. Quanta promiscuïtat! I això passa en moltes llengües, cosa que demostra que és un fenomen lingüístic molt assentat.

Això és una passada! Estic tan i tan eufòric, que aixeco els braços en senyal de victòria. I, tot content, em poso a saltar per la nau. Magnífic! Fenomenal!

De cop i volta, comença a sonar una sirena estrident d'allò més.

Vatua l'olla: ha saltat l'alarma. Na Carmeta —la dona de fer feines— no m'ha vist, mig amagat com estava entre paquets. Quan ha acabat la feina, se n'ha anat, tot activant l'alarma, com fa sempre. I, un cop m'he mogut... ha sonat.

Au: ara com explicaré que he fet saltar l'alarma perquè m'he quedat a desxifrar una qüestió lingüística...

11. Els catalans parleu al revés

M'escric sovint amb els meus amics del Japó. Quan em demanen com és Catalunya, explico que els catalans teniu sempre els collons a la boca i que parleu al revés.

No ho dic de broma! Això que teniu els collons a la boca és cert. Deveu ser la llengua que diu més paraulotes per minut (tot i que conec algun rus que deixa'l córrer, també). Cada tres per quatre dieu un *cony* o un *collons* al mig de la frase, o al començament, o al final, o a tot arreu, si cal. Des de *Calla, cony!* fins a *Què collons vol, aquest?*, passant per *Collons quin fred que fot*. Un cop que un aparell se'ns havia espatllat vaig sentir a un company de feina dir *Aquest cony de màquina no rutlla!*, com si les màquines tinguessin sexe. Els catalans, a més, heu creat un munt de variants, potser com a eufemisme: *coc, recoc, coi, recoi, conxo...* ah, i em deixo *caram, carat* i *caratsos* (aquests venen de *carall* 'penis', evidentment com a expressió també dieu *carall*, sovint escrit *carai*). El *coi* és el que m'agrada més. Surt com a exclamació de sorpresa, però també per a reforçar preguntes, col·locat just després de la partícula inicial de la pregunta: *Què coi vol, aquest?*, *Què coi ha passat, aquí?*, *A on coi vols anar?*, *D'on coi vens?*, *Qui coi ha fet això?*, *Quin coi d'acudit és, aquest, que no fa gràcia?*, *Com coi vols que ho sàpiga?* I la pregunta més important: per què coi sempre dieu *coi* a les preguntes?

Perquè entengueu com ens estranya als estrangers la vostra manera de parlar (especialment a un japonès, habituat a un sistema de registres de cortesia molt complex, però també a un anglès), us explico una anècdota que em va passar quan feia pocs dies que era a Barcelona. Na Carmeta és la dona que ve a netejar l'oficina. El primer dia que vaig veure-la netejant per l'oficina (quan tots els oficinistes ja recollien), me la van presentar, vam encaixar, i just després de saludar-nos, ella, sense voler, va fa caure a terra una carpeta que hi havia sobre una taula. I, abans d'ajupir-se a recollir-la, diu:

—Cony!

Jo ja sabia —del curs de català a Osaka— que *cony* era el mot per a designar els genitals femenins. Amb na Carmeta vaig descobrir que també servia com a expressió de contrarietat. Ara; haig de confessar-vos que, en aquell moment, en sentir-ho, em vaig quedar de pedra. Com se li acut a una dona d'uns 50 anys d'esmentar els genitals femenins davant d'un home que tot just havia acabat de conèixer?

Els verbs que designen les accions d'orinar i defecar són un altre clàssic. Si un riu molt, dieu que *es pixa de riure*. Si un té molta por, diuen que *està cagat de por*. A vegades es diu tot pelat: *em pixo* quan no pots parar de riure, o *en aquell lloc tan sinistre ens vam cagar* (a vegades es diu *escagarrinar-se*, i també he sentit *cagarel·la* per a dir 'por'). Tinc entès —m'ho va explicar el professor de català de la Universitat d'Osaka— que, a Mallorca i Menorca, es diu *compixar-se de riure* i *concagar-se de por*. Allà, *compixar-se* i *concagar-se* són sinònims de *cagar-se* i *pixar-se* (que és com es diu a Barcelona). A les Illes tenen altres verbs formats de la mateixa manera: a partir de *dormir* tenen *condormir-se* (a Barcelona en diuen *endormiscar-se*). En part, aquestes expressions tenen lògica: unes grans rialles continuades provoquen pixera, i a qui té molta por li pot venir caguera.

Ara: a vegades, els catalans us passeu. Si un jugador de futbol en dribla un altre, dieu que *tal jugador va pixar-se tal altre jugador*. O, si un comet un error molt gros, dieu que *l'ha espifiada*, però també que *l'ha cagada*. De debò, potser us passeu. Ara bé, tampoc m'hauria d'estranyar: quan celebreu el naixement del Fill de Déu cristià, per Nadal, feu una representació en miniatura molt bonica, que anomeneu *pessebre* —a mi m'agraden molt, els pessebres!—; hi poseu el Fill de Déu, la Verge Maria, Sant Josep, un àngel, un bou, una mula, uns pastors adorants, els tres Reis Mags... i un que caga! El *caganer*, en dieu. A qui se li acut posar un que fa caca prop del Fill de Déu acabat de néixer!

Una altra paraula preferida per vosaltres és *merda*. A banda de designar els excrements, i també qualsevol mena de brutícia, quan una cosa no us agrada també la qualifiqueu de *merda*: *Aquella festa era una merda* o *Quina merda de festa!*, per exemple.

I què puc dir de la paraula *cul*? La feu servir d'allò més. En algunes expressions té lògica que digueu *cul*. Per exemple, *posar-s'hi de cul*, que significa 'no acceptar una cosa, no voler fer una cosa'. És una metàfora clara: un es gira d'esquena (o de cul) a una proposta. Ara: hi ha altres expressions que no sé per què les dieu amb *cul*. Quan tenim moltíssima feina, a l'empresa la gent diu que *anem de cul* o *anem de bòlit* (n'hi ha un que diu que *anem de corcoll*). Com s'explica aquesta expressió? Es podria dir que *anem de cara*, perquè anem embalats fent la feina. Però no: *de cul*. I quan queda una mica de líquid al fons d'un got, d'una tassa o d'un plat, dieu que *queda un cul*. Inclús podeu arribar a dir: *Espera't, que m'acabo aquest cul!* Com explico als meus amics japonesos que els catalans us acabeu culs?

Tinc una teoria sobre per què els catalans malparleu tant. Me'n vaig adonar arran de tres fets. El primer fet és cada cop que crido algun treballador perquè vingui. Sempre rebo la mateixa resposta:

—Ara vinc!

Entenc que es posa a caminar vers on soc jo. Però ho fa? I ara! Passa mig minut i no ve. Passa un minut i encara no arriba. Ja som al segon minut i jo esperant que vingui. Tres minuts, i començo a preguntar-me si m'ha entès. Cinc minuts: tot igual. I continuen passant els minuts i no ve. Calla: vuit minuts i apareix la persona que he cridat.

A veure si ens entenem! Si un diu *ara vinc*, és que en aquell mateix moment es desplaça fins on jo soc. *Ara* significa *ara*, i no *després*! Si la gent ha de venir més tard, hauria de dir *després* i no pas *ara*. Però no: els catalans dieu *ara* quan hauríeu de dir *després*. La primera vegada em vau agafar per sorpresa. La segona també. Però a la tercera ja vaig aprendre que en català *ara* vol dir dues coses: 'ara' i 'després', en funció del context i del tarannà de la persona que ho diu.

El segon fet va tenir lloc en un restaurant de Barcelona, situat al Poblenou. Es diu *Tastets de Menorca*, està regentat per una parella de menorquins i ofereix plats típics de l'illa. Na Claudia i jo vam anar-hi un dissabte a dinar, per tal de tastar la cuina menorquina. Hi havia un plat que es deia *arròs de sa terra*. A mi m'agrada l'arròs, sobretot com ho feu els mediterranis, ben gustós (la paella valenciana, l'arròs a la cassola català, el risotto italià...), així que vaig demanar-lo. Ja em venia salivera però, quan van portar-me el plat, vaig veure que no hi havia ni un gra d'arròs. Era una mena de cuscús amb talls diversos de carn de porc i uns alls.

—Dispensa'm —li dic al xicot que m'havia servit—, he demanat arròs de la terra.

—Idò, aquí el teniu —em respon.

—Però si aquí no hi ha gens d'arròs... Això és un cuscús!

—És que s'arròs de sa terra no du arròs.

—Com!?

—Se fa amb farina.

—Però llavors, per què en dieu *arròs*?

—No ho sé. Supòs que antigament se fe'a amb arròs. Però avui dia es fa amb farina.

Estic desorientat. Com es pot anomenar *arròs* un plat que no és d'arròs?

—I no teniu pas un plat d'arròs cuit, d'aquells tan bons que feu...? —demano.

—Me pareix que no podem ajudar-vos. Ara: tenim caldereta de Ciutadella, si ho preferiu. O formatjades de brossat.

—I les formatjades de brossat, què són?

—Una formatjada és una empanada farcida. En aquest cas, està farcida de brossat. Es brossat és allò que aquí a Barcelona s'anomena *mató*.

—I el formatge?

—Ah no, si sa formatjada és de brossat o de carn, no du formatge.

Un altre plat que no té el que diu el seu nom! De postres, no vaig gosar a demanar crespells, no fos cas que em portessin caragols.

El tercer fet és un gat que va aparèixer per l'empresa. La gent li va agafar afecte i vam habilitar un racó per tal de deixar-hi restes de menjar i aigua. Així el gat sempre tenia una mica de teca. A les classes de català a Osaka vaig aprendre que, del felí domesticat, en català se'n diu *gat*; i que, a les Illes, en diuen *moix*. Per tant, allò esperable seria que, quan va aparèixer el gat per la nau, la gent s'hi referís com el *gat*. Doncs no! Tothom em diu *la mixa*, el *mixo*, el *mixet* i *la mixeta*. Però si als llibres diu que aquest animal s'anomena *gat* (o *moix*), per què tothom en diu *mixa* i semblants? El cas és que després he sentit altres vegades el mot *gat*... però no pas per a referir-se a un gat, sinó referit a l'estat d'embriaguesa! Els llibres de català diuen que, de l'estat d'embriaguesa, se'n diu *estar o anar borratxo* (el mot *embriac* és per a registres cultes). He sentit algun cop el mot *borratxo*, sí, però el que sento més en referir-se a un borratxo és que... *va gat*. O que *porta un gat* (i també que *porta un piano*: ja em direu com s'interpreta, això!). Per què no dieu *gat* als gats i, en canvi, dieu *gat* a la borratxera? Mira que sou enrevessats, els catalanoparlants! També sento *anar mamat*, i fins i tot un cop vaig sentir *anar pitof* (que no sé si és perquè fa referència a algun personatge rus famós). Però no: amb el mot *gat*!

Podria pensar que és una especificitat del mot *gat*. Però no! Ho feu amb altres coses. Als cursos de català d'Osaka vaig aprendre que del vehicle amb motor de combustió (i ara també elèctric) en dieu *cotxe*, i que del vehicle estirat per animals en dieu *carro*. Doncs quantes vegades no veig passar un cotxe maco pel polígon i els companys de feina no diuen *Guaita quin carro!*? Però si no és un carro!!!

Total: vaig arribar a la conclusió que els catalans parleu al revés de com s'ha de parlar. Que un *gat* és un gat? Doncs del gat en dieu *mixa*, i de la borratxera en dieu *gat*. I tan tranquils. Que un cotxe no és un carro? Doncs en dieu *carro* i si a algú no li agrada que es faci fúmer.

Aquesta actitud tan vostra s'estén als cànons de correcció. És aconsellable no dir *cony, collons, pixar, cagar, merda, cul*, perquè qui ho diu queda com una persona de baixa volada o de poc nivell. Hi estem d'acord? Doncs vosaltres vinga a dir *cony, collons, pixar, cagar, merda, cul*. I a vegades ho diu gent que du corbata! Si convé, us inventeu expressions on surtin aquests mots. Que hom pensa que un altre no és prou valent per a fer una cosa? Podria dir-li *No tens valentia*, però no: ha de dir-li *No tens collons de fer això*. Com que, a més, als catalans us perd l'estètica, vau descobrir que aquesta frase no era prou adequada per a aplicar-a a una dona, i llavors, quan s'havia d'aplicar a una dona, vau començar a dir *No tens ovaris*.

Ah, i si cal, us empesqueu derivats. Que una cosa s'ha fet malbé? No trigueu ni un segon a dir que *s'ha esconyat*. Que una cosa fa molta por? En comptes de dir que *fa por* dieu que *acolloneix*. També podeu dir que una cosa *acolloneix* si és molt gran o us impressiona. Si una cosa la trobeu una ximpleria, podeu dir que és una *ximpleria* o *bajanada*, però si voleu carregar-vos-ho de valent direu que és una *collonada*. En cas que un rigui molt, pot dir que *s'escollona*. Que una cosa està bé, per exemple un concert? Podríeu dir *està bé*, però no: dieu que *és collonut*. Això també ho dieu d'un home que té un bon tarannà. El pitjor de tot és que, quan una dona també té bon caràcter, igualment dieu que *és collonuda*. Com pot tenir collons una dona?

I quant a *merda*, també feu derivats: vet aquí l'adjectiu *merdós*. I també *merder*. Quan hi ha molt de soroll, bé podeu dir que *hi ha xivarri, terrabastall* o *rebombori*. De fet, aquests tres mots els he sentit algun cop. Però el que sento més, i amb diferència, és *haver-hi, fer* o *muntar un merder* (els castellanoparlants són més fins: diuen *haber* o *montar un pollo*). Certament, *merder* té l'avantatge que també designa un 'gran desordre' i una 'situació molt problemàtica' (llavors també es pot dir *sidral*), i això el diferencia dels altres tres mots, que només s'apliquen a situacions sorolloses. Però no deixa de ser significatiu que ho resumiu en una paraula que fa referència a la merda.

Em direu que sóc un exagerat. Certament, hi ha vegades que parleu com toca. Al telenotícies, per exemple, parlen tal com van ensenyar-me a la Universitat d'Osaka. O quan demanes informació a una botiga o a un funcionari o una oficina de turisme. O els monjos, les monges i els capellans, que també parlen bé. O quan se t'adreça un cambrer d'una terrassa de Lloret. Però poca cosa més: després vinga a dir les coses com no toca. Em tornareu a qualificar d'exagerat. Doncs no! En tinc més proves.

La prova irrefutable del que dic és el mot *puta*. Si deixem estar quan s'aplica en el seu sentit recte, 'prostituta', jo ho entenc com un insult. Per tant, me'n guardaré prou, de dir *puta* a ningú. Però, una vegada, en Pere, el comptable, va explicar-nos a la resta de companys que havia trobat una manera d'aconseguir vols molt barats. Ens ho va explicar davant del seu ordinador, i escoltàvem cinc persones més. Quan va haver acabat, tots ens vam quedar meravellats de la seva descoberta. Aleshores un dels operaris, en Dani, va dir-li: *Ets un puta...!* Si em punxen no em treuen sang. Jo pensava que dir allò algú era grossíssim, però no: en Pere es va posar a riure i la resta de treballadors també. A més, pel to com ho va dir no em va semblar que volgués ofendre: va allargar la *a* final. Realment, allò que és un insult els catalans ho dieu com un afalac.

Ho veieu, com parleu al revés?

—oOo—

Com que veig que continueu escèptics amb la meva teoria, m'he dedicat a recopilar més exemples, a fi de demostrar-vos que tinc raó.

He recollit les expressions que indiquen 'gran quantitat de' (o 'en gran quantitat') i 'petita quantitat de' (o 'en petita quantitat'). Ja veureu com no tenen gens de lògica.

Per a grans quantitats, l'expressió més usual és *un munt (de)*. Per exemple, es diu *Hi ha un munt de gent*. Aquí la cosa grinyola. Quan hom aplega una gran quantitat de coses i les acaba posant una damunt de l'altra, allò és un *munt*. Per exemple: *Hi havia molta fullaraca al pati. Vaig escombrar-la i, al final, al mig del pati hi havia un munt de fullaraca.* Però és que els catalans també dieu que *Al pati hi ha un munt de fullaraca* encara que les fulles seques estiguin totes escampades, no pas aplegades en un punt. I això és el que no suporto: si no formen un munt, per què en dieu *un munt*!? I com ho justifiqueu, que digueu *Reien un munt*!? Això no puc explicar-ho als meus amics del Japó!

El mateix es pot dir sobre *una pila de*: la frase *Hi havia una pila de troncs ben ordenada* té sentit. Però *hi havia una pila de gent* no té gens de sentit! Bé, sí si fes referència als castells humans i a les moixerangues valencianes. Però justament aquí no ho dieu: aquesta frase la dieu quan hi ha molta gent en un lloc, sense estar apilada.

A vegades també dieu *una carretada de*. Puc admetre *una carretera de botons*. Però *una carretada de diners*? Que la gent porta bitllets i monedes amb carretes?

I quan dieu que *A la fira hi havia una mà de gent* o *Al pàrquing hi ha una mà de cotxes*? L'únic que hi cap en una mà és un cotxe de joguina!

Una altra expressió que em fa molta gràcia és *un tou de*. Per exemple, *Hi havia un tou de gent*. Com podeu posar la paraula *tou* en aquest context? Una cosa tova no té res a veure amb una gran quantitat!

També hi ha *un gavadal de*. He mirat el diccionari i veig que un *gavadal* és una mena de recipient. Doncs per què dieu *hi havia un gavadal de gent*, si en un gavadal no hi cap ni una persona? El mateix puc dir amb *un grapat de*. Un *grapat* és el que hi cap a la mà. Podeu dir *un grapat de diners*. Com podeu dir *un grapat de problemes*? Per no esmentar l'expressió *un fotimer de*, de la qual ja hem parlat.

A vegades dieu altres coses, com *a manta*. Què té a veure una manta amb una gran quantitat? Podria acceptar una frase com *Aquell tenia diners a manta*, perquè si poses els bitllets damunt d'una manta, i l'ocupes tota, és que tens molts diners. Però *Hi havia gent a manta*... això no cola! Ep? Calla, que el diccionari diu que... ah, que *a manta* potser és pres del llatí... Bé, no dic re.

Però aquest petit contratemps no em farà desistir en la meva croada!

Mireu, sinó, l'expressió *un ou*. A banda de designar les cèl·lules que van dins una closca i d'on surten pollets i peixos, els catalans també ho utilitzeu com a sinònim de testicle. A partir d'aquí ho feu servir com un quantificador per a dir 'molt'. Per exemple, *Això costa un ou.* Però els testicles no tenen per què ser grans!

La pitjor expressió de la sèrie és *un tros de.* El mot *tros* significa 'porció d'una cosa', com *bocí.* Per tant, quan apliques el mot *tros* a una cosa, sempre, per força, és petita. Doncs vosaltres, al revés: quan un cotxe és gran o maco, dieu *Quin tros de cotxe!* I fins i tot quan un home o una dona són molt atractius, hi ha gent que diu: *Quin tros d'home!* i *Quin tros de dona!* (He de reconèixer que, en això, en castellà es fa el mateix: *cacho* i *pedazo* són mots que designen porcions, però la meva dona em va explicar que en castellà es pot dir *un cacho coche* o *un pedazo de mujer* quan hom vol dir 'gran' o 'maco'.)

Bé, he de reconèixer que, en algun cas, sí que apliqueu la lògica. Mireu el cas de l'expressió *la mar (de).* Se sent bastant la frase *tal persona s'ho passa la mar de bé.* Fins i tot he sentit algun cop *van xalar la mar.* D'acord: aquí feu una metàfora, com que el mar és molt gran, *la mar (de)* significa 'molt', i l'apliqueu sobretot als verbs.

I també hi veig lògica quan voleu dir 'poca quantitat'. Aquí teniu les expressions *una mica (de)* (la més corrent: *Passa'm una mica de pa; Plou una mica*), on hi ha el mot *mica* 'petita porció' (*Recolliu les miques que us han caigut*). També *un pèl (de)*, ja que els pèls són una de les coses més fines que hi ha (*La patata està un pèl crua; S'ha cremat un pèl,* que no vol dir que s'ha socarrimat un cabell, sinó que un menjar està molt lleument cremat). Al seu costat, *un bri de,* ja que un *bri* és un tros petit de filament, per això es diu *un bri d'herba,* i per aquest motiu l'useu per dir que hi ha molt poca quantitat (*Tenir un bri d'esperança; No tenir ni un bri de seny*).

Fins i tot he sentit metàfores molt plàstiques. Per exemple, un pot dir d'un altre: *Té un fil de veu,* per dir que gairebé no pot parlar, fent un símil amb un fil de la roba. I quan un vol poca quantitat d'un líquid dins un got, sol dir *Posa-m'hi un dit d'aigua.* El dit és la mida en pla, no en alt, evidentment.

Òbviament, després hi ha els mots que per ells mateixos ja volen dir 'poca cosa'. Seria el cas de l'expressió *un xic (de)*. L'adjectiu *xic* vol dir 'petit', per això hi ha gent que diu *Quan jo era xic...* i, de les dues illes Medes, la més petita es diu *la Meda xica* (ens ho va dir un guia turístic de la Costa Brava quan vam anar-hi la Claudia i jo a passar uns dies a Palafrugell). Per tant, és lògic que també s'usi per a dir que hi ha molt poca quantitat d'una cosa (*Feia un xic de vent*; *Posa-hi un xic més de sal*; *Tranquil·litza't un xic*).

I, evidentment, queda la paraula poc *poc*, que ja vol dir això: les expressions *un poc (de)* i *un poquet (de)* són usuals entre tortosins, balears i valencians.

Però les expressions per a indicar 'poca quantitat' són l'excepció que confirmen la regla. Quan heu de parlar, sovint ho feu al revés de com toca. Va amb el vostre tarannà, n'estic convençut.

Un dels estudiants de català d'Osaka va dir un dia, a classe, que el català era difícil. I tant que ho és! Si parleu al revés, com preteneu que la resta del món us entengui?

12. És millor esmorzar dos cops

Avui, a la feina, havíem de fer una entrevista a una candidata. El comercial que teníem per al sud de França, en Patrick, plega. Li han ofert una feina en una multinacional de París. Per això avui entrevistem una candidata a suplir-lo. Es diu Meritxell i és d'Andorra. Va estudiar a Tolosa de Llenguadoc i parla un francès perfecte.

L'entrevistarem na Dèbora —la cap de recursos humans— i jo, juntament amb el director de la nostra planta, que es diu Arcadi Català.

El senyor Català és alt i totalment calb: el seu cap sembla una bola de billar. Sent com és qui mana, jo esperava que tothom li digués *senyor Català*. Però no: en general, la gent li diu *Arcadi*, menys jo, que sí que li dic *senyor Català*. La veritat és que no és gaire tibat, però, tot i amb això, per a mi —que m'he criat al Japó— cridar-lo pel nom de pila em sembla excessiu. Quant a la gent que hi ha baix al magatzem, en diuen *el Míster*. Evidentment, no en diuen així quan el tenen davant; en aquest cas li diuen *Arcadi* o *senyor Català*. Però algun cop se'ls ha escapat. Per exemple, una vegada, en una reunió de tota la plantilla baix a la nau, en Diego, un dels operaris, va voler fer-li una pregunta, i li va dir:

—Míster, *eso que usté dice*, com s'ho farem? *Porque yo lo veo complica'o...*

I el senyor Català ni es va immutar: va respondre la pregunta que li havia fet en Diego amb una professionalitat digna d'esment.

Penso que el senyor Català va tenir molt a veure amb el fet que m'agafessin a la planta de Barcelona. El senyor Català sempre diu que va agafar-me perquè sap que els japonesos es prenen molt seriosament la feina —i és cert—, i, a l'hora d'organitzar els repartiments en una empresa com la nostra, volia algú que fos escrupolós en tot, com un japonès. Però jo crec que hi ha un altre motiu que no confessa. El senyor Català ve poc per la planta: potser dos cops a la setmana. La resta de dies està anant a veure clients i possibles clients. I, un cop al mes, va al Japó, a la casa mare, on s'hi està uns quatre dies. Són trobades per a organitzar estratègies a nivell mundial. En aquesta mena de reunions es troben tots els caps d'oficina d'arreu del món. Per això, la informació que s'hi dona —escrita i oral— és en anglès. Tanmateix, el senyor Català sempre demana la documentació en anglès i japonès. Així, quan arriba a Barcelona, si hi ha una cosa que no li ha quedat clara i la documentació en anglès tampoc ajuda a entendre-ho, em demana que li miri els documents originals en japonès i que li ho expliqui. Crec que, quan va saber que un japonès volia venir a Barcelona, va acceptar-me a ulls clucs.

Na Meritxell ha arribat puntualíssima, a les deu del matí. És rossa, té els cabells llargs recollits en una cua i va vestida molt elegant. Li hem fet les preguntes que crèiem pertinents. Una consistia a comprovar si tenia prou nivell de francès, i na Dèbora li ha preguntat:

—*Un client se plaint par courriel, mais vous lisez le message trois jours plus tard. Que feriez-vous?*

Sense dubtar, na Meritxell ha dit:

—*Je changerais le portable. Si cela ce produit, le portable ne fonctionne pas correctement.*

Realment, és bona, aquesta noia... Ens deia que ella estaria sempre a l'aguait del mòbil, atenta a tothora als clients, i que si es produís allò que deia na Dèborah seria per culpa de l'aparell, no pas per culpa d'ella.

Quan hem acabat l'entrevista, baix a la nau hi havia una taula parada amb un bé de Déu de menjar. Era l'aniversari d'en

Marcos, i sol ser esplèndid en el menjar. En acabar l'entrevista, na Dèbora ha dit a na Meritxell:

—Meritxell, ara celebrem un aniversari. Vols quedar-te una estona i menjar alguna cosa?

Na Meritxell s'atura un moment a pensar, i respon:

—Bé, ja he esmorzat abans de venir aquí, però no passe res, esmorzaré tornar.

Tots han començat a baixar cap a la nau, però jo m'he quedat al darrere. No per cortesia (tot i que com a japonès em tocaria), sinó pel que ha dit na Meritxell. Ha dit *esmorzaré tornar*? No hauria hagut de dir *tornaré a esmorzar*?

Quan sóc a baix, encara dono voltes al que he sentit. Se m'atansa en Marcos, que fa els anys. Porta un mos de crusant a la boca.

—Enhorabona —li dic, tustant-li l'esquena en senyal d'afecte—. Quants en fas?

—Trenta-tres.

—Et feia més jove.

—Sí, ens fem jaios... Ja menges, nano?

Ja el trobava a faltar, el *nano*.

Em miro la teca que hi ha sobre la taula. Veig —ecs!— llesques de pa amb tomàquet. En una altra safata hi ha unes torrades amb una tira marronosa al damunt, tot ben oliós. Ho agafo i ho tasto. Bo, però molt salat per al meu gust.

—Què és, això? —demano.

—Anxoves de l'Escala —em respon en Marcos.

Em miro la mitja torrada que tinc a la mà.

—Ah sí, anxoves —em sona del curs de català a Osaka—. Un peix, no?

—Sí.

Segueixo mirant-me la mitja torrada.

—I què hi té a veure, l'escala? Que es pesquen amb una escala, potser?

Fins que he fet aquella pregunta, la gent xerrava animadament. Però, just després de formular la pregunta, s'ha fet un segon de silenci; i, acte seguit, la gent ha esclatat en unes grans riallades. Quan feia estona que la gent reia a cor què vols, en Marcos ha pogut dir-me, barrejant-ho amb el riure:

—L'Escala és un poble, home!

Ja es veu que sempre és un bon dia per a ficar la pota.

Quan les riallades s'han calmat, m'atanso a na Meritxell. Enraona distesament amb el senyor Català, amb un tros de coca de recapte a la mà.

—Hiroshi —em diu el senyor Català—, t'estàs per la nostra convidada? Tinc feina i he de tornar al despatx, que abans de migdia he d'anar a veure un client.

—Faci, faci, senyor Català.

El senyor Català encaixa amb na Meritxell.

—Ja et direm alguna cosa —diu el nostre cap, mentre na Meritxell assenteix—. Et deixo amb en Hiroshi, que és qui organitza la nau i controla tots els repartiments. És un expert en organització. Ah!, i també és el nostre filòleg. Sempre està preguntant com diem les coses.

El cap se'n va i em quedo amb l'andorrana.

—Així que t'agrade la llengua? —em pregunta, mentre fa un altre mos a la coca de recapte.

—Sí! Sempre estic mirant a veure com es diuen les coses.

—I has arribat a conclusions interessants?

—I tant! He après moltes coses. Però em falten moltes coses per aprendre. Més ben dit, per comprendre.

—Ah, sí? Com ara?

—Per exemple, aquí mengeu en llevar-vos, i a mig matí torneu a menjar. La menjada d'acabat de llevar-vos, en dieu *esmorzar*, i la menjada de mig matí, també en dieu *esmorzar*. I em demano: per què no feu servir paraules diferents? No ho sé, se'n podria dir *primer esmorzar* i *segon esmorzar*... Si no, no hi ha manera d'entendre's.

Na Meritxell es posa a riure, tapant-se la boca. Ja veig que les meves disquisicions li fan gràcia.

—Home —em respon—, suposo que la gent ja s'entén...

—Sé que, del primer esmorzar, n'hi ha qui en diu *desdejuni*. Especialment ho he sentit entre valencians. Trobo que s'hauria de potenciar, aquest mot.

Na Meritxell em mira somrient i em diu:

—No pateixis, que al Pirineu tenim la solució. La primera menjada és l'esmorzar, i la menjada que es fa en aquesta hora es diu *deuhores*.

—Ah? Que bé! I aquest mot, és singular o plural? —pregunto, ja que acaba amb *s*.

—És singular: es diu *fer o prendre el deuhores*.

Ja tinc solucionat el problema. A partir d'ara diré *deuhores*! La noia em comença a caure bé. Com que comencem a tenir-nos confiança, li dic:

—Escolta, ara que hi estem posats, volia demanar-te una altra cosa. Abans has dit *esmorzaré tornar*.

—Doncs... sí.

—I és habitual, a Andorra, fer servir el mot *tornar* d'aquesta manera?

Rumia una mica i respon:

—Sí, per mi sí. I hi ha amics i familiars meus que ho diuen. Almenys a Encamp, que és on visc, se sent. Potser no ho diem cada dia, però de tant en tant sí. I també tinc amics a la Cerdanya i la Catalunya Nord que ho diuen, també ocasionalment.

—Me'n podries donar més exemples?

Torna a rumiar.

—Vejam, et dono alguns exemples possibles. Com ara... *Demà plourà tornar*. O... *Lo xiquet s'ha posat malalt, tornar*. Aquesta última frase la diem si el nen ha recaigut en una malaltia.

—Interessant!

—O si ens han trucat molts cops per telèfon, i el telèfon sone de nou, un pot dir: *Tornar!?*, que és com dir: *Un altre cop!?*

Li dono les gràcies efusivament, tal com fem els japonesos. Allò és una mina!

Quan s'ha acabat el deuhores, na Meritxell se n'ha anat i tots hem tornat a la feina. Em penso que defensaré que la contractem.

El dia ha anat tranquil. He estat donant voltes a aquest ús del mot *tornar* que feia na Meritxell, però he pensat que seria millor rumiar-hi al vespre, a casa.

Després de dinar hem rebut una trucada del senyor Magnussen. Volia passar-me una informació addicional relativa a un enviament que havíem de fer per a ells.

—Bona tarda, senyor Koizumi Hiroshi. Li truco amb relació a l'enviament que ens han de fer demà.

—Vostè dirà.

—La quantitat de paquets a enviar són set-cents, ja ho sap.

—Sí.

—Però hem detectat que n'hi ha mig tercer cops vint que contenen un producte defectuós. Ja sabem quins són. Si li sembla bé, demà al matí portarem mig tercer cops vint paquets nous i ens endurem els defectuosos. Per tant, li prego que s'esperi a fer el repartiment a mig matí, quan haguem pogut canviar els paquets defectuosos.

Fa estona que no sento què m'explica. Què ha dit? *Mig tercer cops vint?* Què és això? Davant el meu bloqueig, l'home em diu:

—Senyor Koizumi?

—Eh? Sí, sí, perdoni'm. Ens esperarem que vostès vinguin a canviar els paquets defectuosos. Què diu, que vindran a quarts de tres i vint?

—Com diu?

—És que hi ha molt soroll, aquí a la nau —m'invento—, em pot repetir la informació? —a veure si tinc més sort.

—Els nostres operaris vindran a la seva nau a primera hora del matí. Canviaran mig tercer cops vint... ai, perdoni!, m'ha sortit la manera de dir danesa. Volia dir que canviaran cinquanta paquets defectuosos.

—Ah! Ja l'he entès, gràcies.

Penjo el telèfon. Realment, que un danès i un japonès parlin en català donaria per a un gag.

Per què ha dit aquella cosa tan rara, el senyor Magnussen? He cercat informació a internet sobre com es diu 'cinquanta' en danès. He trobat diverses webs que en parlen. Es veu que es pot dir de tres maneres. Una és *femti*, que és la forma semblant a les altres llengües nòrdiques (en noruec es diu igual, i en suec es diu *femtio*). L'altra és *halvtredsindstyve*, que sovint es redueix a *halvtreds*. La forma *halvtredsindstyve* es descompon de la següent manera: *halv* significa 'mig' (com en anglès *half*, ja que l'anglès i el danès estan emparentats); *tred* és una forma abreujada de *tredje*, que significa 'tercer'; *sinds* és una antiga paraula que significava 'cop, vegada'; i *tyve* significa 'vint' (compareu-ho amb l'anglès: *twenty*). Així, per a dir 'cinquanta', els danesos diuen 'la meitat del tercer, vint vegades'.

Veig, doncs, que fan servir un sistema semblant al francès. En francès, per a dir 'vuitanta', diuen *quatre-vingts*. (També es pot dir *huitante*, sobretot a Bèlgica, Suïssa i l'est de França; però com que en francès tot allò que no és estàndard ho llancen a les escombraries, a molts llocs no t'entenen —ni et volen entendre— si dius *huitante*.) En danès s'usa el mateix sistema de designació dels nombres: 'seixanta' és *tresindstyve*, és a dir, 'tres vegades vint' (*tre* 'tres', *sinds* 'vegades', *tyve* 'vint'). Ara: per a dir 'cinquanta' diuen 'la meitat del tercer, vint vegades'. Això de 'la meitat del tercer' he deduït que vol dir 'dos i mig'. Fixeu-vos que no diuen 'la meitat de tres' (que seria 'un i mig'), sinó 'la meitat del tercer', per tant el punt intermedi entre el 'segon' i el 'tercer' nombre: per tant, 'dos i mig'. La multiplicació no falla: 2,5 x 20 = 50. (Si fem la multiplicació amb 1,5 no surt bé.) Conclusió: fan servir el mateix sistema que el francès... però el forcen fins a fer-ne un jeroglífic egipci!

I jo acusava els catalans de rebuscats en llur parlar?

Al vespre, a casa, mentre dono el sopar a en Jordi, dono voltes al que ha dit el senyor Magnussen. Quina manera més rara de dir els nombres!

Ho comento a na Claudia, que és a la cuina fent la sopa, i també passa pel menjador tot parant taula. Amb to empipat, li dic:

—*Danes are crazy!*

Ella ja ha hagut de suportar les meves explicacions sobre l'envitricollat sistema de dir els nombres en danès, i em respon:

—*Darling, you shouldn't get so worked up!*

Que no m'hi capfiqui, que no m'hi capfiqui... aviat és dit!

—*It's the worst system!* —hi torno, pronunciant emfàticament el mot *worst*, perquè quedi ben clar que és el pitjor— On s'és vist? —això no puc traduir-ho a l'anglès.

Llavors ella se m'apropa, m'acaricia la galta —que dolça que és!— i em deixa un paper sobre la taula del menjador; tot seguit, se'n torna cap a la cuina movent-se amb aquella gràcia que només té ella. Allunyant-se, em diu:

—*Please, see that.*

Que m'ho miri? Què vol dir? Ara m'ha entrat curiositat. Em miro el paper. Hi ha escrit: 24.

Ara sí que m'he perdut. Na Claudia, des de la cuina, em diu:

—*Can you say me this number in Catalan?*

—Vint-i-quatre —responc.

La veritat és que no sé per què li responc, perquè ella ho sap igual que jo.

—*Another form, please?*

Una altra manera de dir-ho? Però què s'empesca? No es pot dir de cap més manera, en català.

—*I don't know* —li responc.

Per tota resposta, se'm presenta amb dues oueres de dotze ous cadascuna —les ha tretes de la nevera—, i me les deixa damunt la taula del menjador, al costat del full de paper.

—*What's here? How do you call this amount as a whole?*

Com anomeno aquesta quantitat en conjunt? Doncs... segueixo perdut, ho confesso.

Ella veu que estic en blanc, se m'atansa, em posa la mà sobre l'espatlla i, somrient, em diu:

—Dues dotzenes, *isn't it?*

És veritat! Els catalans també dieu això. *Dues dotzenes* és sinònim de *vint-i-quatre*! No falla: 2 x 12 = 24.

Vaja! Jo criticant els danesos i resulta que els catalans també ho teníeu amagat, això.

Ja ho veieu: na Claudia és un sol.

—oOo—

Després de sopar, amb en Jordi ja dormint com un angelet al seu llitet, na Claudia i jo hem mirat una estona la tele. Ella ha acabat adormint-se al sofà —va curta de son, pobra—. He tancat la tele i he tapat amb una manta na Claudia.

Ara que hi ha pau, puc reflexionar sobre aquell *tornar* tan misteriós que diu na Meritxell.

Vejam, quines frases ha dit? *Esmorzaré tornar*, que vol dir 'tornaré a esmorzar'. *Demà plourà tornar*, o sigui, 'demà tornarà a ploure'. *Lo xiquet s'ha posat malalt, tornar*, que seria 'el xiquet s'ha tornat a posar malalt'. I un ús absolut, *Tornar!?*, que vol dir 'un altre cop!?'.

Em quedo amb el fet que jo, en aquestes frases, conjugo el verb *tornar*: *Tornaré a esmorzar*, *Demà tornarà a ploure*, *El xiquet s'ha tornat a posar malalt*... I diria que tothom a Barcelona també el conjuga. En canvi, ella no el conjuga. Per què no el conjuga? Hi ha la possibilitat de no conjugar un verb en aquest context? Si més aviat passa al revés: recordo que na Claudia m'explicava que, en portuguès, l'infinitiu pot conjugar-se.

Doncs què deu ser? Anem per una altra via.

Em fixo en el darrer exemple que m'ha donat l'andorrana. En aquella frase, el *tornar* apareix sol. Significa 'un altre cop'. Com més es podria dir? *Novament*, o bé *de nou*... això són adverbis o construccions adverbials, no?

145

Per tant, *tornar* tal vegada s'usa com a adverbi. Vejam, provem-ho a les altres frases. *Esmorzaré tornar = Esmorzaré de nou.* Anem bé. La següent: *Demà plourà tornar = Demà plourà novament.* Anem molt bé. *Lo xiquet s'ha posat malalt, tornar = El xiquet s'ha posat malalt un altre cop.* Hem fet diana!

En efecte, *tornar* és un adverbi. O un infinitiu usat com a adverbi. Que bé!

Continuo rumiant. I com és que un infinitiu s'ha posat a fer d'adverbi? Això ja deu ser més complicat de resoldre.

Hi he donat unes quantes voltes durant vint minuts i no m'ha vingut res al cap. Avui potser no me'n sortiré.

De cop, no sé com, m'ha vingut una altra cosa al cap. He pensat en una manera de dir 'potser' que sento sovint: *poder.*

Sí: tot sovint, a la feina, la gent diu *poder* quan volen dir 'potser'. Alguns exemples que han deixat anar els companys de feina: quan una furgoneta va espatllar-se, en Juanjo, el de manteniment, va dir:

—Haurem de canviar la corretja, poder.

En Pere, el comptable, no n'era partidari. Ell preferia retornar-no a l'empresa de lísing i, a canvi, portar una furgoneta nova. Quan ho va suggerir, na Sabrina va dir:

—Poder sí, que és millor així. Les hores que passarem arreglant-ho no compensa.

Un altre dia, na Carmeta, la dona de netejar, va dir això:

—Demà poder plourà.

I en Brauli, el de recepció, una vegada que esperàvem un camió i no venia, va comentar:

—El camioner poder s'ha perdut.

He de reconèixer que no l'he vist mai escrit. Però es diu molt, almenys a Barcelona i la rodalia. És un cas atípic: un mot que es diu moltíssim, però que rarament apareix a l'escriptura. La forma estàndard és *potser* (que és l'únic que van ensenyar-me a Osaka).

Vejam: aquest *poder*, té la forma d'infinitiu, però funciona com un adverbi. En efecte, podem dir que és sinònim de *potser* (que és un adverbi). Vegeu, sinó: *Haurem de canviar la corretja, poder = Haurem de canviar la corretja, potser*. Una altra: *Poder sí, que és millor així = Potser sí, que és millor així*. Ets una llumenera, Hiroshi. Una altra: *Demà poder plourà = Demà potser plourà*. I la darrera: *El camioner poder s'ha perdut = El camioner potser s'ha perdut*.

Visca! El mot *poder* funciona igual que el mot *tornar*: tots dos tenen la forma d'infinitiu i tots dos actuen com a adverbis!

Ja sabem que hi ha infinitius que s'usen com a adverbis. Però encara no sabem com ha sigut possible, que passi això.

Haig de trobar la via per la qual un infinitiu pot ser interpretat com un adverbi.

Imaginem-nos frases on això pugui donar-se. Per exemple: *El jutge ha anat al lloc dels fets per inspeccionar l'escenari del crim i poder aclarir què va passar*. Aquí, *poder aclarir* és un grup verbal: com de fet, la intenció del jutge és *poder aclarir què va passar*. Però aquesta frase es podria reinterpretar així: *El jutge ha anat al lloc dels fets per inspeccionar l'escenari del crim i, poder, aclarir què va passar*. O sigui, com si diguéssim: *El jutge ha anat al lloc dels fets per inspeccionar l'escenari del crim i, tal vegada, aclarir què va passar*. El verb *poder* —en la seva forma d'infinitiu— s'interpreta com una expressió de 'possibilitat'. O sigui, es reinterpreta gramaticalment. Així es crea l'adverbi *poder*.

Ara anem al *tornar*. Busquem una frase que també permeti una reinterpretació. Per exemple, *He anat a tornar a engegar la calefacció*. Podria reinterpretar-se com *He anat, tornar, a engegar la calefacció*, on el mot *tornar* seria vist com un adverbi.

Sí, és això. Ja ho tinc! Que bo que sóc! Quina descoberta que he fet! Estic eufòric!!!

Patatxof! Sense adonar-me'n, he pegat un cop a la taula del menjador i he fet caure a terra els 24 ous. No sé qui en té més culpa, si jo pel cop que he pegat a la taula, si na Claudia per haver dut els ous a la taula o si el senyor Magnussen per haver parlat estrafolàriament.

13. Arreu es fan les coses arreu

Avui us parlaré d'en Manolo. És qui porta el bar que hi ha enfront de la nostra nau, on anem a esmorzar i a dinar. El bar es diu *bar Manolo*. No s'hi va lluir gaire, amb el nom.

En Manolo és un homenot corpulent, amb veu fonda, d'uns cinquanta-i-tants anys. És originari de les Terres de l'Ebre (més concretament, d'Amposta), tot i que fa anys que viu a Barcelona. La seva esposa, que es diu Cinta, també és *d'allà baix*, com es diu popularment per a fer referència a les Terres de l'Ebre. En Manolo és tota una institució, al polígon.

La manera de parlar dels ebrencs és molt característica. D'entrada, hi ha la pronúncia. Per a mi és la millor. Com sabeu, hi ha dues maneres de pronunciar el català: l'oriental i l'occidental. Tot i que se sent molt més la fonètica oriental (per demografia i perquè la majoria de mitjans audiovisuals de gran abast emeten des de Barcelona), a mi m'agrada més la fonètica occidental. Vosaltres, catalans, potser no us en adoneu; però la fonètica oriental és, pel meu gust, massa fosca i tancada. Tot són *u* i vocals neutres. Això és més acusat com més cap al nord: a Girona i la Catalunya Nord sembla que els faci peresa obrir la boca. Per contra, les parles occidentals tenen una fonètica clara, neta, precisa. M'agrada sentir parlar gent de Ponent o de l'Alt Pirineu. Ara: dins la fonètica occidental, la parla tortosina, com la valenciana, és especial. La claredat de les vocals és diàfana, majúscula. Cada vocal està clarament definida.

El vocabulari ebrenc també és ple de curiositats. De fet, a les persones de la resta de Catalunya els fa gràcia com parlen a les Terres de l'Ebre. Quan senten un mot o una expressió *d'allà baix* que no havien sentit mai, acaben demanant què significa, i, quan els ho expliquen, diuen un "Ah...!" ben llarg (que és la resposta habitual dels catalans quan us expliquen una cosa que no sabíeu).

En tot cas, la simpatia que desperten els ebrencs a la resta de catalans crec que també s'explica perquè els ebrencs són molt sorneguers (mentre que la resta de catalans normalment no ho són) i, per tant, quan hom hi té tractes durant una temporada, al final espera que en diguin una o altra de graciosa.

De paraules i expressions ebrenques que encisen els no ebrencs n'hi ha a manta. Per exemple, *pollar-se de calor*. La galleda per a fregar el terra, en Manolo l'anomena *poval*, mentre que la seva dona l'anomena *poal*. A vegades en Manolo fa broma dient que li agafa mandra —no és cert: és molt pencaire, només fa teatre— i diu:

—Xeic, m'ha agarrat una galvana...!

I, a l'hora de dinar, quan ofereix escalivada com a acompanyament de la carn, en diu *rustifaci*. Al menú hi té escrit *xai amb escalivada*, però ell sempre diu *corder en rustifaci*. I tothom al polígon, fins i tot els que no parlen català, saben que *rustifaci* significa *escalivada*.

També m'agrada molt quan diu *oco*, que és una expressió d'alerta. Sembla que és un castellanisme (*ojo*, que vol dir 'ull', però m'he fixat en la gent que parla castellà que també és una expressió d'alerta). Per exemple:

—Oco que arrossegues la jaqueta p'en terra!

I ja no us parlo com conjuguen els verbs... o com fan l'entonació a l'hora de preguntar. Quan fan preguntes entonen d'una manera especial, per a mi molt atraient.

No cal dir que, per a mi, sentir parlar en Manolo és una fruïció constant. He de reconèixer, però, que la primera vegada no vaig entendre-li res de res. Fins que no vaig habituar-me a la seva fonètica van passar quinze dies ben bons.

Ara us reportaré les paraules més xocants del vocabulari d'en Manolo i la seva dona. Una cosa que diu molt en Manolo és *xeic* (a vegades abreujat en *eic*). Ho fa servir com una mena de mot crossa. Per exemple, una vegada li vaig sentir dir això:

—És que, xeic, cada dia tot està més car!

O per a cridar algú; per exemple, si marxen uns clients i es deixen el mòbil a la taula, ell els diu:

—Xeics, no us deixésseu lo mòbil!

Diu *xeic* a tothom. Crec que si vingués el president de Catalunya també li diria *xeic*. I si vingués el secretari general de les Nacions Unides, també. Aquí no se'n salva ningú. Per a un japonès això gairebé sonaria estrambòtic, però per a en Manolo no.

Un altre mot curiós és *ias*. Ho diu sempre que serveix alguna cosa. Cada vegada que ens porta els entrepans, les begudes i els cafès, a cada un de nosaltre ens diu:

—Ias!

La majoria de catalans, en aquest context, dieu *té* o *ti*. Vaig buscar *ias* al diccionari, i no vaig trobar-lo; però, un altre dia, de casualitat, vaig trobar-hi *jas* amb aquest mateix significat. Deu ser que es pot pronunciar de les dues maneres.

Els pronoms febles també els diu amb una forma especial. Diu coses com:

—Mos arruïnaran, estos del Govern, si continuen apujant-mos los impostos!

(Quan diu això cridant ben fort al mig del bar, tothom assenteix. Ja he dit que en Manolo era tota una institució. Ben mirat, millor que el president de Catalunya no vingui al bar d'en Manolo, perquè, si ha de dir-li això i després soltar-li un *xeic*, anem arreglats.)

Aquest pronom feble *mos* no m'estranya, perquè l'he sentit a molta altra gent de llocs diversos, tant de Lleida com de terres valencianes com de l'Alt Pirineu com de les Illes.

Però quan aquest *mos* s'ha de combinar amb un altre pronom feble, el redueix. Així, una vegada ell i la seva esposa estaven parlant amb un repartidor de begudes. El repartidor, un xicot de Martorell, deia:

—Voleu que us porti més tòniques?

I la resposta d'en Manolo:

—No cal, ja en tenim. Però me pareix que necessitem altres coses, sobretot alcohol. Mira: de conyac, mo'n portes tres caixes i mija. Si no, mo l'acabarem abans que tornes.

Allà on un barceloní hauria dit *ens en portes*, ell va dir *mo'n portes*.

—Entesos —va respondre el repartidor.

—Escolta, xeic, i ja que augmentem la comanda, no podríeu fer-mos un descompte, mas que sigue?

—Home, ho veig complicat... —respon el repartidor.

—Xeic, que soc lo millor client d'esta zona! Vo'n dono molta, de faena!

—Em sap greu, però els marges són estrets...

—Vaja! Pos m'aniria bé que poguésseu donar-me facilitats pal pagament. Aquest conyac, podria pagar-vo'l a un mes vista? Més prompte no em va gaire bé...

Ja veieu quina sinteticitat en les combinacions de pronoms febles. Aquestes formes reduïdes no formen part de l'estàndard, però cal reconèixer que són sintètiques i pràctiques.

A partir d'aquesta reducció de pronoms febles, els tortosins han creat un altre mot d'allò més expressiu: *mone!* La primera vegada que el vaig sentir, evidentment les neurones se'm van posar a cent. Pel context vaig deduir que significava 'marxem!'. No em va costar gaire descobrir com s'havia creat. El verb *anar-se'n* té diverses formes d'imperatiu de la primera persona del plural (és a dir, 'nosaltres'). La forma estàndard és *anem-nos-en*. Però en David (l'informàtic, que és del Priorat) diu *anem-mos-en*. La majoria de gent de Barcelona, Tarragona i rodalia diu *anem's-en* (o fins i tot *'nem's-en*, sense la *a* inicial). A en Manolo li he sentit dir algun cop *anem-mo'n*; però si li llevem la *a* inicial queda *nem-mo'n*, i és a partir d'aquí que surt el famós *mone*.

Un altre mot que m'agrada molt de la parla d'en Manolo és *adés*. Significa 'fa molt poc temps'. Els barcelonins no tenen un mot específic per a aquest sentit: ha de dir *fa poc* o bé *abans*, però aquest darrer mot té el problema que també significa una situació passada de fa molt de temps. En canvi, *adés* és una situació passada però recent. Per exemple, un cop, just havent entrat al bar, ens va dir:

—Xeics, adés ha entrat un jovenel·lo demanant per vatros. Crec que era un repartidor. Podria ser que vos haguésseu crusat en ell quan veníeu vatros pac aquí. No vo hi hau fixat, xiquets?

Un company li va respondre:

—Doncs no ens hem creuat amb ningú...

—Ah! Potser s'ha perdut... Pijor pa·n·ell!

He comprovat que els barcelonins veuen *adés* com un mot literari. Com si fos propi de llibres. Però ja veieu que, a les Terres de l'Ebre, és una paraula molt popular. Crec que s'hauria de fer servir més en l'estàndard. La raó és que és molt pràctic: com he dit, el mot *abans* no és prou precís, ja que pot referir-se a un fet passat molt llunyà (per exemple, *Abans la gent no sabia que la Terra era rodona*: aquest *abans* fa referència a un moment anterior a l'arribada de Cristòfor Colom a Amèrica, el 1492). En canvi, *adés* és molt precís i, per tant, és molt útil en la comunicació formal.

Una altra paraula molt curiosa: *fato*. Quan en Manolo ens posa un plat ben ple de menjar, si li diem que s'ha passat en quantitat, ell sol respondre:

—Què vols dir, que hi tens massa fato, al plat?

Però *fato* no vol dir només 'molt de menjar'. Vol dir 'molt de qualsevol cosa'. També el fan servir per a designar qualsevol material de contraban.

En Manolo també fa servir un verb molt curiós: *nyaure*. La seva dona, na Cinta, diu una altra forma, *iaure*. Us reporto dues frases que vaig sentir dir a en Manolo. La primera:

—Ahir, pel polígon, nyava dos mossos d'esquadra rondant. Sabeu si van entrar a robar a cap nau?

I la segona:

—Nyavent diners, se poden comprar moltes coses!

I una frase que va dir na Cinta:

—L'altre dia va iaure un accident a la fàbrica del final del carrer, que en sabeu res?

Tot i que la primera vegada em va costar entendre-ho, al cap de poc vaig descobrir què era. Havien creat dos verbs nous (*nyaure* i *iaure*) a partir de les formes del verb *haver-hi* en tercera persona: *n'hi ha* i *hi ha*, respectivament. Si un diu sovint frases com *Hi ha gent que fa això* o *Hi ha dues finestres que no tanquen* o fins i tot *N'hi ha dues que no tanquen*, és possible que al final es creï el verb *iaure* o *nyaure*. Per això, quan na Cinta diu *va iaure*, un altre catalanoparlant diria *va haver-hi*. Vaig demanar a en Manolo si a les Terres de l'Ebre aquests verbs eren freqüents, i em va dir que sí.

Encara una altra cosa curiosa de la manera de parlar d'en Manolo és l'expressió *i au*. Ho diu en una sola síl·laba, d'un sol cop, al final d'una frase quan vol dir 'i prou' o 'només'. Per exemple, una nit va ploure. Ell té un pluviòmetre, ja que li agrada la meteorologia, i, cada cop que plou, l'endemà ens diu quants litres han caigut. Aquella vegada, però, mentre esmorzàvem no ens ho deia. Un company de feina va interpel·lar-lo:

—Manolo, home, que no ens dius quant ha plogut, aquesta nit?

I en Manolo, sense deixar de feinejar, va respondre:

—Anit no va fer res. Dos litres i au.

El que volia dir és *dos litres per metre quadrat* (que realment és poc). El problema és que, en aquesta frase, jo hauria dit *dos litres i prou* o bé *dos litres, només*. Però ell diu *dos litres i au*.

Una altra vegada va explicar-nos això:

—Tinc un cosí capellà, ho sabíeu? Ara està a Gandesa. És lo que no hi ha: quan fa missa, s'allarga i s'allarga, explicant l'Evangeli a les jaies de Gandesa, recreant-se en la Paraula de Déu. Però si aquell dia juga el Barça, llavors la missa dura un quart d'hora i au. Lo punyetero!

A tot Catalunya es diu *i au*, però no es diu amb un sentit tan clarament delimitat com ho diu en Manolo. Quan un barceloní diu *i au* és perquè tanca un tema; per exemple: davant d'una màquina espatllada, un pot demanar si és millor reparar-la o canviar-la per una de nova, a la qual cosa un barceloní pot respondre: *Jo la canviaria i au.* També es pot trobar quan es conclou una situació i s'obre una nova situació: *Durant la manifestació van aparèixer els antiavalots, i au, a córrer tots.* Però a les Terres de l'Ebre s'ha desenvolupat un significat concret, 'i prou' o 'només'.

Cada vegada que diu alguna cosa que m'estranya, jo li'n demano més dades. Per això en Manolo m'anomena *lo caçador de paraules.*

De totes les paraules que li sento dir a en Manolo, però, n'hi ha una que m'ha fet esprémer les neurones. És *arreu.*

Ha passat aquest matí. La cosa ha anat així: en Manolo fa poc ha llogat un cambrer que l'ajuda en els pics de feina —l'hora d'esmorzar i l'hora de dinar, quan el bar està ple a vessar. És n'Ibrahim, un xicot jove marroquí, que treballa amb més bona voluntat que experiència. Aquest matí, amb el bar que no s'hi cabia de gent, al pobre noi li ha caigut a terra una safata plena a vessar de gots, tasses i ampolles de beguda, com cerveses, taronjades, cafès, cigalons i similars. La trencadissa ha sigut fenomenal.

El xicot ràpid s'ha afanyat a recollir-ho i netejar-ho. Però hi havia una feinada enorme, i el bar era ple de clients. Per tal de fer via i poder tornar a atendre els clients, ho ha recollit ràpidament i ha passat el fregall com ha pogut, però s'ha deixat bona part de la brutícia i dels trossos de vidre. Ràpid surt en Manolo de darrere la barra i li diu:

—Ep, xeic, Ibrahim, no ho netégigues arreu, home! Si encabat la gent trepitja la part bruta, s'embrutarà tot lo bar i serà pijor. Neteja-ho bé. Primer agrana-ho amb la granera i encabat passa-hi lo drap. No patisques per la faena, ja atenc jo els clients, i Cinta es posa a la cuina.

Jo hauria dit que *arreu* significa 'a tots els llocs'; o almenys això em van ensenyar a la Universitat d'Osaka. Per exemple, la frase *Arreu hi ha problemes* significa que a tots els llocs hi ha problemes. Per tant, la construcció *netejar arreu* per a mi significa 'netejar-ho tot'. Però, pel context, vaig deduir que significava 'netejar malament'. En Manolo deia que, si n'Ibrahim netejava arreu allò (netejava malament allò) després hi hauria més brutícia.

Aquella paraula, *arreu*, se'm ha quedat clavada al cervell. Per què una paraula que, en principi, significa 'a tots els llocs' per a en Manolo significa 'malament'? Quin misteri. Un nou repte per al caçador de paraules!

—oOo—

Un cop tornats del bar, a la nau, he repassat l'estat de diversos paquets que s'havien d'enviar aquella mateixa tarda. Treballo amb la tauleta que es posa al canell: és més pràctica que un portàtil, però té l'inconvenient que les caselles que s'han de marcar es veuen petites a la pantalla, i a vegades sense voler un pot clicar a la casella del costat.

Mentre vaig feinejant, penso en el mot *arreu*. Necessito saber-ne més. Així que, amb el meu mòbil, consulto per internet el diccionari de l'Enciclopèdia Catalana, perquè, a més de les definicions, ofereix la informació etimològica de cada mot.

Què diu aquest diccionari sobre el mot *arreu*? Dona dues possibles explicacions etimològiques. Una no la veig clara: esmenta que hi havia una antiga expressió *a arreu* que significa 'per ordre'. Dic que no la veig clara perquè si antigament significava 'en ordre' no s'entén que ara, per als tortosins, signifiqui 'malament'. L'altra explicació diu que potser ve d'una expressió germànica, *at red*, que significa 'segons consell, previsió'.

No hem aclarit gaire cosa, francament. Continuo pensant-hi mentre, alhora, vaig clicant sobre la pantalla de la tauleta de canell. Ara aquest paquet està verificat, ara aquest altre falta omplir les dades... i amb el maleït mot *arreu* que no se me'n va del cap... Vejam, d'aquest paquet s'ha desprès una mica la cinta aïllant que el tanca, caldrà reforçar-lo... i aquest altre paquet diu que és fràgil per tant potser caldrà embolicar-lo amb plàstic... però per què *arreu* significa 'malament'?

Pensem d'una altra manera. Hem de trobar la via per la qual *arreu* passa d'un significat a un altre. Quin significat tenim a l'origen? Doncs 'a tots els llocs'. I quin significat tenim al final? Doncs 'malament'. Cal trobar la via que fa que, del primer significat, en sorgeixi el segon.

Quina situació permet que una cosa que és o es fa 'a tots els llocs' acabi sent vista com una cosa 'mal feta'?

M'he passat bastanta estona rumiant-hi. Al final, però, m'ha semblat trobar-ho.

M'he anat imaginant situacions diverses i cap no portava a pensar que 'a tots els llocs' pogués ser interpretat com 'malament'. Però finalment he trobat una situació en què sí: l'hora de plegar ametlles o olives.

M'ha costat trobar-ho perquè jo (i com jo tanta altra gent), quan vull ametlles o olives, vaig al supermercat o bé les compro per internet. No he anat mai a collir ametlles ni olives, i per tant no sé com es fa. Però fa poc, a la tele, vaig veure un reportatge sobre el vi del Priorat, que té molta anomenada mundial. El Priorat és una terra muntanyosa; ho és tant, que costa molt posar-hi un tractor, a risc de bolcar. Per això la verema o la llaurada es fa com es feia fa centenars d'anys: a mà i, com a molt, amb l'ajuda d'una mula. S'ho poden permetre:

aquella terra i aquell clima donen un vi únic al món i es ven a preu d'or. Per tant, la no mecanització no és un problema, perquè encara que fer les coses a mà sigui més car que fer-les a màquina la gent està disposada a pagar quantitats elevadíssimes per una ampolla de vi del Priorat. I us asseguro que n'he sigut testimoni: la nostra empresa ha enviat caixes de botelles de vi del Priorat a Nova York i, quan és a pagar a contraremborsament, qualsevol hauria dit que dins la caixa hi havia joies.

A partir d'aquest flaix puc anar estirant el fil. Vejam: al Priorat no han mecanitzat perquè no poden per l'orografia. Però, allà on és possible, els agricultors han mecanitzat les tasques. A les terres planes on hi ha vinya, la verema es fa amb màquines. Això ho he vist passant per les carreteres del Penedès i de l'Alt Camp a final d'agost i principis de setembre, quan la Claudia i jo podíem agafar-nos uns dies de vacances. També es veuen en molts camps tractors llaurant. La sega es fa amb segadores, no pas amb falç. Les avellanes del Camp de Tarragona es pleguen amb una xucladora, i ja no hi ha gent que vagi agenollada per terra recollint-les, com es feia antigament.

Sé que, avui dia, les olives i les ametlles es cullen amb una màquina que sacseja l'arbre. Però abans que hi hagués tractors s'havien de collir a mà.

Primer vaig pensar que els pagesos s'enfilaven als ametllers i olivers, però no té sentit: a les branques més allunyades del tronc no s'hi pot arribar. Així que he buscat amb el mòbil a veure si trobava algun vídeo a internet on es mostrés la manera tradicional de collir ametlles i olives. He estat de sort: n'he trobat un parell (un als Ports, al nord del País Valencià, i l'altre a Mallorca). Hi veig gent amb canyes molt llargues que, de terra estant, els permet arribar fins a l'últim racó de la branca més alta. Allà piquen lleument a l'oliva o l'ametlla i aquesta cau a terra. A terra hi posen unes xarxes —he sentit que es diuen *borrasses*— i només cal recollir aquestes xarxes en acabar, de manera que així apleguen totes les ametlles o olives.

Aquest sistema preindustrial té un defecte, segons he comprovat mirant el vídeo. (Calla, que aquest paquet l'han posat a la pila equivocada, va en aquella altra pila.) I és que, amb aquest sistema, sempre hi ha ametlles i olives que cauen lluny, fora de les borrasses. Així que, quan es recullen les borrasses, després cal repassar tota la perifèria buscant ametlles o olives.

Si es compara l'eficiència de les dues activitats de recollida (recollir les borrasses i plegar les ametlles que hi ha per terra), no hi ha color. Una borrassa pot fer uns 2 x 6 metres; per tant, 12 metres quadrats. Amb quatre borrasses cobreixes molta extensió. Recollir una borrassa pot costar mig minut. Per tant, en dos minuts els pagesos ja han recollit totes les ametlles o olives que hi ha damunt d'una borrassa. Ara anem a la plegada manual. Com que cal agafar les ametlles o olives una per una, ajupint-se, en la recollida manual per terra es triga molt. Potser deu minuts pel cap baix. Com podeu veure, l'eficiència és notablement diferent. I això repercuteix en el cost, per tant en el preu final.

Com es pot millorar la recollida d'ametlles o olives de terra quan han caigut fora de la borrassa? No és una qüestió menor: en depèn la productivitat. Com que —segons vaig veure al vídeo penjant a internet— també existeixen màquines netejadores d'ametlles (perquè picant amb la canya també poden caure branquillons i fulles), quan un recull ametlles de terra pot fer-ho amb cura (una a una, per tant lentament) però també pot fer-ho ràpid, agafant tot el que troba —si convé pedres i terrossos inclosos— i posar-ho al cabàs, i després al sac. No parar compte en allò que es plega és una manera de fer via. Es posa tot al sac i després la màquina ja triarà.

Si es pleguen ametlles o olives d'aquesta manera, es pot dir que hom plega *arreu*, és a dir, a totes bandes. Ho plega tot, i ho agafa de tot arreu.

Però, és clar, augmentar la velocitat de plegada impica minvar la qualitat de la plegada: si s'agafa de tot, no es pot triar tant.

D'aquí es podria desprendre que, a partir de l'expressió *plegar arreu* en el sentit d'agafar-ho tot i de totes bandes, s'interpretés que significa 'plegar malament les ametlles'. I que *arreu* passés a significar 'malament'.

Això portaria a dir la frase que ha deixat anar en Manolo: l'expressió *netejar arreu* és 'netejar malament'. O d'altres, com *pintar arreu*: un cop en Manolo va dir *Lo sogre ha pintat arreu l'habitació*. Doncs això és que el sogre l'ha pintada malament, barrip-barrop, deixant llepades aquí i allà, deixant regalims de pintura, tacant el terra de gotes de pintura, sobrepassant-se de la ratlla i pintant allà on no tocava.

L'endemà al matí, en arribar a la nau, em crida el senyor Català, el cap. Pujo a l'oficina i em diu:

—Hiroshi, ahir a última hora van trucar del convent de les germanes clarisses de Reus. Esperaven rebre un paquet amb vestis de monja, i es veu que va rebre un paquet amb vestits de ballarina de cabaret. I una colla de carnaval de Sitges que esperava vestits de ballarina de cabaret també van trucar per dir-nos que han rebut còfies de monja. Tu en saps re?

Glups! Ahir estava tan capficat amb la paraula *arreu* que vaig marcar malament dos paquets. He experimentat en pròpia carn què és treballar arreu. Almenys, poso en pràctica els coneixements adquirits...

14. Tot és prou difícil (i amb bessonada encara més)

Na Claudia torna a estar embarassada. Ja està de cinc mesos.

Aquesta tarda hem anat al ginecòleg. Ens atén el doctor Miquel Llop. És un home alt, prim i sec, d'edat avançada. Parla el català occidental de l'Alt Pirineu. Li he demanat d'on era i m'ha dit que venia de la Seu d'Urgell.

El doctor Llop, un cop feta la revisió amb l'ecògraf, ens dona una sorpresa:

—Tindran bessonada —diu l'home—. Són dues nenes.

Ja teníem escollit nom de nen i de nena; el de nena era Vinyet. Però també havíem pensat en un segon nom de nena: Núria. Doncs mira, podrem posar tots dos noms!

—A la meva família hi ha antecedents de bessons —diu na Claudia.

—Prou... —respon el metge.

Quan el doctor ha dit allò m'he quedat descol·locat. Per a mi és una falta de respecte. D'acord que sóc japonès i, per a un japonès, la formalitat a l'hora de parlar és molt important. Però fins i tot per a una societat més laxa com la catalana, el que ha dit el metge és irrespectuós. I no fa per ell, la veritat: se'l veia un home educat.

El doctor reprèn el seu discurs:

—Ara quan surtin donin les seves dades a la infermera, així ja ho tindrem per quan neixin les criatures.

Sortint de la consulta, no he pogut amagar el meu malestar a na Claudia, i li faig avinent la manca de respecte del doctor.

—Ho has sentit!? —li dic— Quin *lack of respect!*

—*Please, Hiroshi,* què t'empesques? —em respon.

Ja veieu que ara anem introduint frases en català en les nostres converses. L'anglès ha anat deixant pas al català perquè hi ha expressions populars que coneixem bé en català i, o jo no sabem com són en anglès, o costen de traduir a l'anglès.

—*Do you not heard him?* T'ha dit que callessis!

—Què dius? *He has not said that I shut up!*

—Que sí, que ho ha dit! Ha dit *prou* quan...

—*Hiroshi, please...*

—quan... *when you've told your familiar history.*

Na Claudia em fa callar perquè creu que en faig un gra massa.

Hem anat on hi ha les infermeres. Na Claudia s'ha assegut en una cadira de la sala d'espera i jo he anat al taulell, a fer el tràmit.

De seguida apareix una infermera. S'asseu davant l'ordinador i em diu:

—Hola. Vostè és el pare de les bessones?

—Sí.

—Omplirem el formulari, doncs. Fins ara ho fèiem en paper, però ho omplirem directament am' ordinador, que així farem més via.

—Entesos.

Em demana les dades:

—Nom de la mare?

—Claudia Jefferson.

La infermera tecleja. Acte seguit, diu:

—Nom del pare?

—Hiroshi Koizumi.

—Am' ics?

—Amics? No! —responc vehementment— Casats!

La infermera s'està un instant callada, i acaba dient:

—Li pregunto si el seu nom s'escriu am' ics.

—Ah...!

M'ha agafat un atac de riure, que se li ha encomanat a la infermera.

La gent, quan diu *amb*, en realitat diu *am*; però, si aquesta preposició va seguida d'una vocal, la *b* sol pronunciar-se. Així, una frase com *Vinc amb ell* sona com si s'escrivís *Vingambéll*. Aquest fenomen fonètic es dona molt en francès (tenen un terme tècnic per a designar-lo: *liaison* 'lligament'). Ara: també és cert que hi ha gent que diu *Vingaméll*. Si la infermera hagués dit *ambics*, jo l'hauria entesa; però ha dit *amics*, i, és clar, he entès que ella es pensava que érem parella de fet, i no pas casats.

Hem aclarit el malentès i li he explicat que, en usar l'alfabet llatí, solc escriure el nom amb *sh*, és a dir, a l'anglesa. Tot seguit, li he lletrejat el meu cognom. (Ben mirat, no hi ha cap motiu pel qual no pogués escriure *Hiroixi*. Al capdavall, en japonès el meu nom no s'escriu amb *sh*, això és una adaptació a l'anglès.)

En ser a casa, na Claudia s'ha ajagut al sofà, amb la tele encesa. Jo me n'he anat cap a la cuina a fer el sopar.

Faré una truita de patata. Primer, pelaré les patates i les tallaré a daus. Després ho fregiré. Tot seguit, pelo una ceba. Mira que dir-li el metge a na Claudia que callés! Per on anàvem? A sí, tallaré mitja ceba a talls ben menuts i els afegiré a la paella quan els daus de patata faci estona que hi són. Després... Quina barra, aquell metge! Un impresentable! No ho semblava pas, que... Espera, hauré de treure ous de la nevera... i... ara no sé què em falta... però n'hi hauria dit quatre de fresques, a aquell metge! Què s'ha cregut!

—oOo—

Mentre pelo i tallo les patates no puc treure'm del cap l'escena. La veritat és que el metge ha dit *prou*, però... no ho ha dit amb to taxatiu, que és el que s'empra quan es donen ordres. Ho ha dit amb un to pla, neutre, el mateix que empraria si digués *entesos*.

Podria ser que realment no volgués fer callar na Claudia?

Però, vejam!, *prou* s'usa per a aturar una cosa, no? És el que vaig aprendre a Osaka. Ara bé: pot ser que *prou* signifiqui més d'una cosa?

Deixem que les patates es coguin, i mirem què té la paraula *prou*. Agafo el mòbil i obro el diccionari de l'Enciclopèdia Catalana. Hi teclejo *prou*, a veure què surt. Em dona quatre significats.

Mirem què diu cada significat. El significat 3 porta com a definició "Ja basta, no més". I dona aquests exemples: *Prou, no parlis més*, d'una banda, i *Ja li'n pots donar, de menjar: no dirà mai prou*, de l'altra. Aquest sentit és el que jo vaig aprendre a Osaka, i és el més usual. Exacte: quan cal aturar una discussió, diem *Prou de discutir!*; i, si no volem més aigua o vi al got, diem *Prou!* En aquest diccionari, el significat 3 està etiquetat com a interjecció (igual com quan diem *ai!* si ens fem mal, o *òndia!* si un se sorpèn d'alguna cosa).

Bé, anem al significat 2. Està etiquetat com a adjectiu i pronom, i la definició és "Suficient". Vejam els exemples: *No tinc prou forces per a dir-li-ho*; *No tinc prou diners*; *Ja has fet prou per ells*. Efectivament, en els dos primers exemples *prou* acompanya un nom (*forces, diners*); per tant és un adjectiu. En el tercer exemple, *prou* va sol. Per tant, és lògic que ho considerin un pronom.

I ara anem al significat 1. La definició és "Suficientment", i la categoria gramatical és adverbi. En efecte, el mot *suficientment* és un adverbi. La seva forma el delata (hi ha el sufix adverbialitzador *-ment*, que s'afegeix a adjectius). I, a més, acompanya verbs (*No t'ho has treballat suficientment*) i adjectius (*Ell és suficientment llest*), que és la funció típica d'un adverbi. Vejam ara els exemples d'aquest significat: *És prou intel·ligent per a comprendre-ho*. I també hi ha *Les pomes eren prou madures*. Molt bé. En tots dos casos, *prou* hi apareix acompanyant un adjectiu (*intel·ligent, madures*).

Els significats 1 i 2 també vaig aprendre'ls a Osaka, i val a dir que també són força usuals en la parla. En efecte, si hom vol retreure falta de valentia a algú, pot dir-li *No tens prou coratge*. O, per posar un exemple, recordo un embarbussament que va ensenyar-me en David (l'informàtic), perquè em costa distingir les erres de les eles (en japonès tenim un únic so): *Plou poc, però, pel que plou, plou prou.*

(No sé si en David ho feia per a ajudar-me o per fotre's de mi sentint-me recitar aquesta frase estúpida dient tots els sons igual.)

Jo, què voleu que us digui?, en el diccionari hauria ajuntat els significats 1 i 2. Ui, que se'm cremen les patates! Corre, remena-les!

Uf, patates salvades. Tornem al nostre tema. El que he vist fins ara és correcte. Tot el que em diu el diccionari en els sentits 1, 2 i 3 correspon als usos corrents en català i a allò que vaig aprendre a Osaka.

Tanmateix, al significat 1 (etiquetat, recordeu-ho, com a adverbi) hi ha diverses subaccepcions afegides. Algunes no em representen complicació; per exemple, al final hi ha l'expressió *amb prou feines*, i la seva definició és "Difícilment, tot just, escassament, pel cap alt, a penes". Cap problema: és una expressió corrent i ja sé què significa. Una altra subaccepció que recull és "Certament", i hi afegeix: "sovint precedit de *bé*". Podem numerar-la: la subaccepció 1.2. Exemples: *Bé prou que ho saps* o *Jo prou que li ho explico, però no m'entén.* Aquest sentit ja no el tinc tan controlat.

Dins aquestes subaccepcions del significat 1, finalment trobo el que busco. És la subaccepció 1.3. La definició és "Sí, certament", i hi ha una etiqueta d'ús: indica que s'usa absolutament, és a dir, sense acompanyar res. L'exemple que posa és el següent: *T'agrada el vi? —Prou.*

Vaja! Ja l'he trobat, doncs! Calla, deixa'm remenar les patates, que no se m'enganxin. Doncs sí: aquest ús és el del metge. Quan na Claudia li ha dit que tenia antecedents familiars de bessonada, el metge ha respost: *Prou.* És a dir, 'sí, certament'; o 'm'ho crec'. I jo que m'havia enfadat amb el metge! Sort que no li he muntat un numeret, perquè, si no, ara hauria de presentar-li disculpes...

He pelat la ceba i vaig tallant-la. L'ajunto a les patates de la paella. Tornem al diccionari. Dintre el significat 1 encara hi ha altres subaccepcions curioses, però marcades per la ironia. Les deixo estar: a vegades, per al que un català o un anglès és fina ironia, per a un japonès no té cap sentit. El que no he aclarit és com pot ser que *prou* tingui tants significats...

Per a començar a discernir-ho, he hagut d'anar al significat 4, el darrer. Està etiquetat com a masculí, és a dir, és tracta d'un nom masculí. També indica que aquest darrer significat és arcaic, ja no s'usa. La definició d'aquest significat 4 és "Profit". I els exemples en són dos: *Bon prou vos faça* i *Ésser de bon prou*.

O sigui: que, en català antic, *prou* era un nom que significava 'profit'. Si avui dia diem *Bon profit*, en català antic es deia *Bon prou*.

I quina és la seqüència que porta del significat 'profit' al significat 'suficient' i als altres? Això és fàcil. Si *prou* significava 'profit', no costa gaire imaginar-se en quin tipus de frases apareixia. Per exemple, si un cambrer servia una sopa a un client, el cambrer podia preguntar al client: *Aquesta sopa, us ha fet prou?*, és a dir, com si ara diguéssim *Aquesta sopa, us ha fet profit?* Però a partir de l'expressió *fer prou a algú* 'fer profit a algú' devia reinterpretar-se com 'fer suficient a algú'. Al capdavall, si una sopa fa profit a algú, és que aquest algú queda saciat.

A partir del moment que *fer prou a algú* passa a significar 'fer suficient a algú' (o, com ho diríem avui, 'ser suficient'), el mot *prou* ja s'interpreta com una mena de quantificador —com és ara—. A partir d'aquest ús com a quantificador en surten els significats 1 i 2 del diccionari de l'Enciclopèdia Catalana: 'en quantitat suficient' (*És prou intel·ligent per a entendre-ho*) i 'suficient' (*No tinc prou diners* i *Ja has fet prou per ells*). I també el significat 3, el més usual: 'ja basta, no més' (*Prou, no parlis més*).

El que no acabo de veure és com sorgeix el significat que havia fet servir el doctor Llop (que, recordem-ho, en el diccionari que he consultat el deixen amagat pel mig del significat 1; concretament, és l'accepció 1.3). En frases com *Prou que ho saps* (un altre ús amagat pel mig del significat 1;

concretament, és l'accepció 1.2) sí que ho veig, ja que hi ha latentment la idea de 'suficient'. Però quan un respon *prou* a seques no hi ha aquesta idea de 'suficient'.

Com s'hi pot haver arribat?

Mentre bato els ous hi penso. Vejam: el diccionari posa l'ús del doctor Llop just a sota del significat "Certament". Potser aquest significat és la porta per a l'ús que analitzem. Centrem-nos en el significat de 'certament', a veure si amb això arribem a algun lloc.

La pregunta és: com es passa del significat de 'suficient' al de 'certament'? Mirem la primera frase que el diccionari posa com a exemple de 'certament': *Prou que ho saps.* El mateix diccionari diu que es pot dir amb un *bé* afegit: *Bé prou que ho saps* o *Prou bé que ho saps.* Em sembla que començo a veure-ho: en una frase com *Prou que ho saps*, la idea originària devia ser el significat 'suficient'. Així, *Prou que ho saps*, o fins i tot més llarg (*Prou que saps què ha passat*) devia ser més o menys sinònim de *Ho saps prou bé (què ha passat)*, o fins i tot *Ho saps prou (què ha passat).* És a dir 'suficient'. No en tinc cap dubte.

Però, a partir de frases com aquestes, *prou* va carregar-se d'un segon significat, 'certament'. Així, si primer volíem dir 'saps suficientment què ha passat', de seguida va reinterpretar-se com 'realment saps què ha passat'.

Doncs ja ho tenim: ja sabem com es passa del significat 'suficient' al significat 'certament'.

Ara que ja sabem com s'ha arribat a la subaccepció 1.2 ("Certament"), vegem si trobem com s'ha arribat a la següent subaccepció, la 1.3 (l'ús que n'ha fet el doctor Llop).

Per a mi, la clau és partir del significat 'certament', a veure si trobem un context que pugui interpretar-se com una resposta més o menys afirmativa.

I quan diem el mot *certament*? Quan reconeixem que una cosa és vertadera. Si el nostre veí ens diu *Demà plourà*, i l'endemà efectivament plou, més endavant podem dir al veí: *Certament, avui plou.*

Per tant, *prou* també pot servir per a manifestar que reconeixem una cosa com a vertadera... Ahà! Ja ho tinc. Si algú ens dona una informació, podem respondre amb un sec *prou* per a dir que acceptem aquella informació. Que seria el mateix que diu *certament*. És el que ha fet el doctor Llop!

Ara ho veig clar. Si —seguint amb l'exemple de la pluja— hom diu que, després d'una bona ploguda, una mina d'aigua raja més, un altre pot respondre: *Prou!*, és a dir, 'certament'.

Tiro l'ou batut a la paella, i, engrescat, torno al mòbil. Necessito trobar textos on surti aquest ús absolut de *prou*. No serà fàcil, atès que segur que la majoria de vegades serà quan significa 'suficient'. Haig de fer la cerca posant-hi una construcció entre cometes. Però, com es pot fer això, si el *prou* que jo investigo s'usa absolutament, és a dir, sense res més?

M'he d'empescar maneres de trobar-lo. A través del Google, cerco *prou* i que en el mateix paràgraf hi hagi un *vols* o *voleu*, per exemple. Em trobo un fòrum de motards de la Ribera i la Terra Alta. Hi participen diverses persones. Estan organitzant una sortida per diumenge vinent al Montsec. A mig debat, trobo el *prou*. Es veu que un de la colla, un tal Jeroni, té la moto espatllada. Una altra motard, una tal Madrona, s'ofereix a dur-lo de paquet. Na Madrona escriu: *Jeroni, vols que passi a recollir-te per casa teua?*, i en Jeroni respon: *Prou*. No diu *sí*, sinó *prou*. Això ja és un altre significat de l'ús absolut. Vindria a ser 'acceptar una proposta'. La veritat és que no ho he sentit mai, deu ser un ús propi de la Ribera i la Terra Alta i potser comarques de la vora.

Torno al Google i ara cerco *prou que* entre cometes, a veure si tinc sort. Em trobo un llibre de Plató traduït al català. És *La república, llibre VII*, publicat el 2003 per la Universitat de València. El traductor al català és un tal Carles Miralles. El fragment és a la pàgina 41. No vaig gaire bé de filosofia europea —recordeu que sóc asiàtic—, però va, som-hi. El text és un diàleg. Un dels que parlen diu: *Que deu arrossegar, doncs, noble amic, l'ànima cap a la veritat i acomplir un discerniment de la saviesa en el sentit d'adreçar amunt allò que ara, no pas convenientment, adrecem avall.* (Buf! Quin rotllo! No sé pas com poden estudiar això al batxillerat els joves catalans! Aquest Plató parlava d'una manera...) L'interlocutor li respon: *Prou que sí.* Es podia haver posat *Certament que sí.*

Quan he cercat *prou que* m'he trobat un altre resultat que em crida l'atenció. El trobo en un llibre titulat *Maragall i la setmana tràgica*, d'en Josep Benet, publicat per l'Institut d'Estudis Catalans el 1963. A la pàgina 132 hi ha tres fragments molt semblants del mateix text: dedueixo que és una compilació erudita de textos del poeta Joan Maragall. El fragment diu: *I potser la major part dels cristians ens n'anem d'aquest món sense haver conegut encara el Crist. Ja és prou que aquesta gent ens l'hagi hagut de donar a conèixer de tal manera.* (Caram, estem filosòfics, avui.) Aquesta expressió (*és prou que*) deu ser una mena d'estructura fixada. En origen, *és prou que* devia significar 'és suficient que', és clar. Però aquí evoca una idea de 'sorpresa' o 'estranyesa'. Seria una altra reinterpretació. Sí: ara em ve al cap. Una vegada, a la feina, un en Paco va venir amb moto malgrat que plovia; i en Pere, el comptable, va comentar:

—Ja és prou, que en Paco hagi vingut amb moto.

Aleshores no hi vaig caure, però és això.

—Com va, la truita? —demana na Claudia des de la sala.

—*It's OK!* —responc— M'està quedant força bé!

Sort que na Claudia ha parlat, perquè m'havia despistat i ja toca tombar la truita. Una mica més i se'm crema. Mentre tombo la truita, em ve al cap una altra frase: *En aquesta sala hi ha prou gent.* Què té, aquesta frase?

Repassem-ho: segurament significa 'hi ha suficient gent'. Sí, pot significar això, però diria que té un altre sentit... Vejam, seria com sinònim de *bastant* o *força*, no? Sí, és això: *En aquesta sala hi ha força gent.* Per què el diccionari no ho posa, això?

Passa, però, que no m'acaba de convèncer la sinonímia. Sí, vol dir *força* o *bastant*, però... diria que no sempre vol dir això exactament.

Ep! Para un moment! Quan jo he respost a na Claudia, he dit *M'està quedant força bé!* Podria posar-hi *prou bé*? Vejam com queda: *M'està quedant prou bé.* Sí, aquesta frase funciona, en català! Però què vol dir? No només vol dir 'força' o 'bastant'; diria que en realitat vol dir 'força' o 'bastant' però afegint-hi un matís: 'més del que seria esperable'. En efecte, soc bastant maldestre a la cuina, i que una truita em quedi bé ja és un èxit.

Ostres, ostres... Un altre cop navego via Google, a veure si en trobo mostres que em confirmin la deducció. En trobo, sí, però veig que en alguns hi ha implícit el sentit de 'més del que era esperable', però en d'altres exemples no hi ha implícit aquest sentit. Potser pot incorporar o no aquest matís... Calla, que he trobat una cosa. Els textos on hi ha implícit el matís 'més del que era esperable', provenen de Catalunya. I els textos on no hi ha implícit aquest matís, són textos fets a València. Potser a València, *prou* és sinònim de *bastant* a seques, mentre que a Catalunya també és sinònim de *bastant* però incorporant-hi el matís 'més del que era esperable'. Us deixo un dels exemples valencians que he trobat (sense el matís, doncs): *Fer això és prou difícil.*

Tinc molta informació al cap, i em convé posar-la per escrit d'una manera esquemàtica, que m'ajudi a retenir-ho. Agafo paper i boli. L'objectiu és representar la cadena dels canvis de significat que ha tingut el mot *prou*.

Em surten quatre cadenes. Recaram! Aquest mot ha fet quatre camins diferents! Totes les cadenes parteixen del significat primigeni 'profit', que evoluciona —en tots quatre casos— cap al significat 'suficient'. A partir d'aquí surten els altres significats. Les cadenes són aquestes:

- Profit o profitós (*La sopa t'ha fet prou?*) > suficient (*Ja en tinc prou*; o bé *Hi havia prou gent, a la sala, per a fer allò*) > ordre d'aturar-se perquè un ja en té suficient, d'allò (*Prou! Pareu de plorar!*; o directament *Prou de plorar!*)

- Profit o profitós > suficient > certament [quan acompanya *saber*; pot reforçar-se amb *bé*] (*Prou ho saps, què va passar*) > certament / reconeixement de la validesa d'una informació [ús absolut] (*A la meva família hi ha casos de bessonada! —Prou*) > acceptació d'una proposta [ús absolut] (*Et passo a recollir per casa? —Prou*).

- Profit o profitós > suficient > sorpresa [en l'estructura fixada *ja és prou que*] (*Ja és prou que en Martí vingui, que no surt mai de casa!*).

- Profit o profitós > suficient > bastant [País Valencià] (*Fer això és prou difícil*) > bastant i més del que era esperable [Catalunya] (*Hi havia prou gent, a la sala; per això van considerar-ho un èxit*).

Trec la truita del foc i la poso en un plat. Porto la truita a taula, na Claudia s'alça del sofà i posa en Jordi a la trona. Tallo la truita i escudello. Na Claudia la tasta i... fa una ganyota. A mi se m'esborra el somriure de la cara.

—Hiroshi, *my darling*, t'ha quedat dolça! Que no hi has posat sal?

Ja deia jo que em deixava alguna cosa...

15. Tres verbs per a passar l'estona

Avui hem tingut moguda, a la feina.

A mig matí teníem una entrevista a una candidata de feina; però a la nit anterior ens havien entrat a robar. Per a desactivar l'alarma havien destrossat el controlador de l'alarma. Així que, a primera hora —quan hem vist el pany de la porta forçat— hem fet venir la policia.

S'han presentat dos agents dels mossos d'esquadra, un home i una dona, tots dos uniformats. Per la fonètica he captat d'on eren. Ell era de Lleida o de les comarques de l'entorn. Ella era de la Catalunya Central, més concretament de la zona nord-est d'aquesta regió. Ja veieu que començo a ser un expert en llengua catalana...

—I on tenen lo controlador de l'alarma? —pregunta ell.

El senyor Català els ho ensenya. Està situat a la paret, a prop de la porta d'entrar i sortir les persones.

—Semble xafat, aquest controlador —continua el policia—. Ahir a la nit esta'e bé, no?

—La dona de fer feines sempre surt l'última, i l'activa —respon el senyor Català—. Li he trucat aquest matí, i m'ha dit que anit va activar l'alarma i va sortir de la nau, com sempre, sense problemes.

L'altra policia està inspeccionant l'entorn, mirant a terra, suposo que a veure si troba restes de l'assalt que li donin alguna pista. Després es posa a treballar a l'entorn del controlador. Hi posa un polsim, suposo que per tal de trobar-hi empremtes dactilars —encara que no servirà de res: aquí tothom hi posa la mà—. Està tan concentrada en la seva feina que, entrant i sortint per la porta, ensopega amb la part de baix de la porta. L'ensopegada ha estat aparatosa, i hauria caigut a terra si dos companys meus no l'haguessin agafada.

—Ostres! —diu la noia— He cuidat a caure! Sort de vosaltres. Gràcies.

Segurament cap dels meus companys s'ha quedat amb el que ha dit la policia: *He cuidat a caure*. Però a mi no se m'ha escapat pas... Tot seguit, l'home policia diu:

—En les darreres setmanes hi ha hagut assalts en altres naus d'aquest mateix polígon. Ja els enxamparem.

Quan han acabat la feina, m'ho he fet venir bé per a demanar a la noia policia d'on era.

—Perdoni, senyora agent: vostè, no és pas d'Osona o de la vora?

—Sí, soc de la plana de Vic.

Entenc que una policia no reveli més sobre la seva vida personal. Ha evitat dir la població, i jo no hi he insistit —no és bo per a la seva seguretat, però tampoc fa per a un japonès dir coses que incomodin el seu interlocutor—.

Quan els policies se n'han anat, hem tornat tots a la normalitat. A mig matí ha vingut la persona que teníem citada per a l'entrevista de feina.

Es diu Margalida. És baixeta i rodanxona, amb els cabells morens ondulats, lligats amb una cua darrere. Anava vestida amb roba texana, i duia una faldilla amb mitges a sota.

La feina a fer és molt específica. Nosaltres transportem de tot. Fins i tot menjar: tenim unes furgonetes preparades amb cambra isotèrmica. Tant podem transportar menjar congelat com fresc com acabat de coure i mantenir-lo calent.

Però des de la central de Tòquio volen obrir una nova via: transportar animals. Tot i que ja hi ha empreses que ho fan — els porcs es porten en camió cap a l'escorxador—, la nostra empresa vol especialitzar-se en el transport de mascotes. La idea és que les empreses que venen mascotes cada vegada més operen per internet, però no poden enviar la mercaderia —un animal viu— així com així. La nostra empresa vol oferir aquest servei a les botigues d'animals: quan un client compra una mascota, li la fem arribar nosaltres. A la central de Tòquio han seleccionat diverses seus per a fer la prova pilot, i Barcelona ha entrat en aquesta prova pilot.

Així doncs, hem llogat una moto de gran cilindrada, i hi hem instal·lat una gran caixa darrere, degudament condicionada perquè hi puguin anar gossos menuts, gats, tortugues, hàmsters, ocells i fins i tot una peixera (ben lligada, és clar). La persona que l'ha de dur ha de tenir llicència de conducció d'una moto com aquella, però també ha de conèixer-se bé la geografia catalana, de manera que si té un problema en la ruta marcada pel GPS (per exemple, un embús) pugui buscar-se una ruta alternativa amb facilitat. Per aquest motiu, en publicar l'oferta de feina vam indicar que, durant l'entrevista, demanaríem rutes possibles per a anar a diversos indrets de Catalunya, Aragó, el País Valencià i part del sud de França des de Barcelona (incloent-hi algun punt de la mateixa Barcelona). La persona candidata hauria de donar-nos informació sobre per on passaria. Aquest requisit limitava molt el nombre d'aspirants i, de fet, jo tenia per segur que es presentaria un motard d'aquells que surten a tombar cada dissabte i diumenge, amb la seva jupa negra i tatuatges a la pell. Com de fet: només es va presentar na Margalida.

Quan hem entrat a la sala de reunions, ens hem presentat els que havíem de fer-li l'entrevista de feina: el senyor Català (el cap de la nostra oficina) i jo (com a responsable de planta). Faltava na Dèbora (la cap de recursos humans), que ha entrat mig minut més tard. Com que no ha pensat a presentar-se, l'aspirant ha dit a na Dèbora:

—Bon dia, jo nom Margalida. Idò, tu què noms?

No m'ha calgut res més per a saber que na Margalida era de les Illes (tot i que al seu currículum hi deia que vivia a Barcelona). Aquell *idò* és inconfusible: només ho diuen els illencs. Cada cop que vaig a dinar al restaurant *Tastets de Menorca*, del Poblenou, el sento pertot.

M'ha sorprès l'ús del mot *nom*. Jo hauria dit *el meu nom és...* (o *em dic...*), però ella n'ha fet un ús estrany. M'ho hauré d'apuntar a la llibreta de paraules i expressions impossibles del català. Jo li pregunto:

—Ets de les Illes?

—De Mallorca —em respon— concretament de Manacor.

Sé que s'escriu *Manacor*, però na Margalida ha pronunciat *Manacò*, amb *o* oberta.

—Però al teu currículum hi diu que vius a Barcelona —hi torno.

—És que fa molts d'anys que visc a Barcelona, amb sa meva pare'a, en Biel.

En senyor Català li demana per les seves aptituds:

—Tens carnet de conduir motos grans, però saps dur una moto de gran cilindrada?

—I tant! A ca meva en tenc una. I sé colcar-hi.

Aquest *ca meva* que ha dit també m'ha sorprès, tot i que no gaire, si us he de ser franc. A Catalunya es diu *a casa meva* i al País Valencià es diu *ma casa* (sempre li ho sento dir a la nostra comercial d'Alcoi); però ella ha usat la forma contracta de *casa* (és a dir, *ca*) seguida d'un possessiu. Deu ser habitual en la parla de les Illes. A Catalunya, aquesta forma contracta (*ca*) se sent però en contextos col·loquials. Per exemple, *Anem a ca la Maria.* Quan hem d'anar al bar d'en Manolo, diem que anem a *can Manolo* (no és el nom del bar, es diu *bar Manolo*, però ens és igual). També algun cop ho he sentit en oficis. Una vegada, un treballador nostre havia pres mal —res, poca cosa, però prou perquè s'ho hagués de fer mirar—, i na Dèbora va dir:

—Has d'anar a cal metge.

Jo hauria dit *Has d'anar al metge*, però ella ho va dir així. Aquest ús em recorda el mot francès *chez*, que seria equivalent a *ca*. Els francesos ho diuen en noms de restaurants (com passa també en català), hotels i càmpings, però fins i tot diuen *chez les Américains* quan volen dir 'al país dels americans'. Per cert: quan anem a can Manolo és perquè fa uns entrepans macos i saborosos: fent broma, a la feina diem que fa uns entrepans *de cal Déu*, és a dir, espectaculars. I quan una empresa clienta nostra és un desastre, la gent de la nau sol dir d'aquella empresa:

—Allò és can pixa!

Però tornem a l'entrevista de feina. El senyor Català hi torna:

—I sabries arribar finses a Solsona sense GPS ni mapes?

—És clar: aniria fins a Manresa, i d'allà per la carretera que porta a Súria i Cardona, fins a arribar a Solsona.

La candidata ha demostrat que sap moure's, però ara ve la prova forta. El senyor Català deixa anar la pregunta bomba:

—I si hi ha la carretera tallada, per on passaries? Recorda que portes un animal viu i no pot estar-se gaire estona tancat. A l'hivern fa fred i a l'estiu fa calor. La capsa està condicionada, però com més temps passi més entra la calor o el fred.

Na Margalida rumia una mica i diu:

—Meam: si sa carretera estigués ta'ada, aniria cap a Calaf. Des de Manresa s'hi pot anar per s'Eix Transversal. Fins i tot si s'Eix estigués ta'at, hi ha s'antiga carretera que porta de Calaf a Manresa, paral·lela a s'Eix. És més dolenta, però me pareix una alternativa prou bona, en part perquè ara no hi circula pràcticament ningú. Si, a més, fos impossible d'arribar a Manresa des d'aquí, aniria a cercar s'autovia del Bruc i, passat Igualada, aniria fins a Calaf per sa carretera de Prats de Rei. Quan som arribada a Calaf, puc agafar sa carretera que mena a Ponts, resseguint es riu Llobregós. A mig camí, ara no sé si a Biosca o a Sanaüja, hi ha una carretera que du directament a Solsona. Totes ses carreteres d'aquesta ruta alternativa estan en bon estat.

Els altres tres ens hem quedat muts. Cap de nosaltres no tenia ni idea que es pogués anar de Barcelona a Solsona per aquesta altra via. Na Dèbora pregunta:

—Com la saps, aquesta ruta?

—Ell, pensau que hi he anat amb moto qualque vegada amb sa meva pare'a!

Ell, ha dit? Qui és ell? Una altra qüestió a apuntar a la llibreta... Aquesta noia és una mina!

Quan s'ha acabat l'entrevista, li hem demanat que s'esperés a fora. No l'hem feta esperar gaire: tots tres teníem clar que era idònia per la feina. Així que, en sortir de la sala, na Dèbora li ha comunicat la notícia i li ha demanat que es quedés per tal de començar a preparar el contracte. Després de fer els papers, el senyor Català m'ha demanat que passegés na Margalida per la nau, per tal d'ensenyar-li-ho tot i que la gent la conegués.

Tot just comencem a baixar les escales, ella s'atura i fa un moviment estrany amb la cama. Jo li demano:

—Estàs bé?

—Sí, sí, no pateixis... És que... m'apreten ses calces!

Quan m'ha dit allò m'he quedat parat. Quina liberalitat en dir les coses, aquesta noia! Ella se n'ha adonat, i s'ha posat a riure.

—Ai, perdona, no hi pens mai... —em diu— A Mallorca anomenam *calces* allò que aquí a Barcelona s'anomena *mitges*. En canvi, a Mallorca ses *mitges* són allò que aquí anomenau *calces*.

Mira: ho veieu, com els catalans parleu al revés? Jo ja ho deia... Mentre acabem de baixar, jo li pregunto:

—I teniu altres curiositats, en el vocabulari de Mallorca? Hi ha altres diferències entre Barcelona i Mallorca?

—I tant! Mira: quan voltros deis *amanir*, noltros deim *trempar*. Quan feim sopars amb sa colla d'aquí de Barcelona, jo sempre dic que vull trempar s'amanida, i es meus amics es fan un panxot de riure!

M'ha anat explicant altres coses. Una curiositat que m'ha contat és que ella, de l'esmorzar, en diu *berenar*. (Ho veieu, com els catalans parleu al revés?)

O que, en comptes de *parlar*, diuen *xerrar* sempre, sense cap matís pejoratiu com pot tenir aquest mot a Barcelona. I el que em fa més gràcia és que l'article salat (*ses coses* en comptes de *les coses*). A Osaka ja me'n van parlar, però sentir-ho en directe és una delícia (en part, per això vaig tant al restaurant menorquí del Poblenou).

En la gira que hem fet per la nau he après una altra cosa curiosa, que quan ho comenti a en Manolo demà al matí segur que se n'alegrarà. He comprovat que moltes paraules ebrenques que no es troben més al nord (Tarragona, Vilafranca o Barcelona, i encara menys Vic i Girona) sí que es troben a les Illes. Per exemple, quan en Manolo es posa a fregar plats, diu que es posa a *escurar*. A Osaka vaig aprendre que *escurar* és acabar-se les restes de menjar que queden en un plat, però per als tortosins significa 'rentar plats' (de fet, els diccionaris també indiquen que *escurar* es pot fer servir amb el sentit de 'netejar'). Doncs bé: na Margalida m'ha reportat *escurar* dient que, a les Illes, significa 'fregar plats'. Un altre cas és *brossat*. Arran de la meva visita al restaurant menorquí del Poblenou de Barcelona, vaig saber que a Menorca, del mató, en diuen *brossat*. Li he demanat a na Margalida com ho diu, i m'ha confirmat que també en diu *brossat*. Doncs bé: al bar d'en Manolo, algun cop també han ofert mató com a postres del menú de dinar (generalment, a la carta hi posa *mel i mató*), i ell, quan en parla, en diu *lo brossat*. I una última concomitància és *garrit*. Un cop, en Manolo, en servir-me l'entrepà, no va dir el seu famós *xeic*, sinó que va dir:

—Ias, garrit!

Com que no sabia si era un insult o què, vaig demanar-li pel significat d'aquest mot. I em va respondre:

—Aquí a Barcelona dieu *eixerit*. T'he de dir que la gent jove de les Terres de l'Ebre pràcticament ja no diuen *garrit*, però quan jo era menut se dia molt. És una llàstima que es pèrdigue!

Com que a mi també em sap greu que es perdin paraules, vaig fer cerques per internet a veure si trobava el mot *garrit*, amb l'esperança de comprovar que hi ha encara algú que el fa servir. I vaig trobar que, segons el *Diccionari català-valencià-balear*, a Eivissa *garrit* significa 'noi, noia'. Quan vaig demanar-li a na Margalida si coneixia aquest mot, em va dir que la seva família ho diu amb el mateix sentit que a Barcelona s'empra *eixerit*.

—A mi també em sap greu que es perdin paraules —em deia na Margalida—. Es jovent ja no diu moltes de paraules que han susat a Mallorca.

Paraules que han susat a Mallorca? Sembla que ho faci expressament; a cada frase, una cosa rara!

—oOo—

Quan na Margalida se n'ha anat ja eren quarts d'una. A la una anem a dinar. Poca cosa podia fer. Així que he destinat aquells minuts a repassar tot el que m'he trobat al llarg del matí. Repassem-ho: tinc tres verbs amb els quals entretenir-me i, si cal, barallar-m'hi. El primer és el verb *cuidar*, que ha dit la mossa d'esquadra de la plana de Vic. El segon és el mot *nom*, usat com a verb per na Margalida. I el tercer és el verb *susar*, també dit per na Margalida.

Investigar sobre els verbs de les Illes ha estat fàcil. El verb *susar* deu provenir de la verbalització de l'expressió *s'usa* (semblant a com ha passat amb *iaure* o *nyaure*, que diuen en Manolo i la seva dona, a partir de *hi ha* o *n'hi ha*). A través del mòbil he consultat el *Diccionari català-valencià-balear*. Hi surt el verb *susar* i, efectivament, diu que una verbalització de l'expressió *s'usa*. A la informació etimològica hi llegeixo: "Frases com «això ja no s'usa», «els vestits que ara s'usen», etc., han estat interpretades com si fossin «això ja no susa», «els vestits que susen»". Per això després, entre els exemples, hi ha frases com *Descrits es tipos de llits més notables que han susat a Mallorca* (i no pas *que s'han usat a Mallorca*). Fantàstic. El fet que ja hagués conegut les formes *iaure* i *nyaure* segurament m'han aplanat el camí per a trobar-ho.

Un tema aclarit. Anem al següent. Quan na Dèbora ha arribat, na Margalida li ha dit: *Bon dia, jo nom Margalida. Idò, tu què noms?* Dedueixo que, aquí, *nom* és un verb, o actua com un verb.

185

He cercat el mot *nom* al *Diccionari català-valencià-balear* i m'hi surt com a substantiu: ni rastre de l'ús verbal. Vejam, què puc fer? He dit que em sembla que és un verb. Si és un verb, deu estar entrat com un verb. És a dir, l'he de cercar en infinitiu. He teclejar *nomar*. Res. He teclejar *nomir*, Res, tampoc. Carat! I *nòmer*? Ho teclejo i... sí que surt!

La definició de *nòmer* és "Haver nom, anomenar-se". És això. Com a exemples posa *Què noms?* i *Què nomeu?*, i hi ha altres exemples extrets d'obres literàries, com ara *Representant aquelles dones que nomien Maria*, d'un text de mossèn Alcover.

Bé, vaja: avui vaig molt ràpid, resolent temes. He de reconèixer que gràcies als autors del *Diccionari català-valencià-balear* (el mateix mossèn Alcover i en Francesc de Borja Moll).

Anem ara a *cuidar*. La mossa d'esquadra, quan ha estat a punt de caure, ha dit *He cuidat a caure!* I si no ha caigut és perquè l'han sostinguda dos companys meus. O sigui que *cuidar* deu tenir un valor anàleg a 'immediatesa'.

El *Diccionari català-valencià-balear* reporta aquest sentit de *cuidar*. És el significat 2. La definició diu: "Fer prop, estar a punt de fer una cosa; estar en ocasió imminent de fer-la". D'entre els exemples que reporta, esmento aquest propi de Menorca: *Ha sortit un conill; l'hem encalçat, i quan ja cuidàvem a agafar-lo, s'ha amagat dins un cau.* Un altre exemple del català antic: *Tinch un fret y febre que'm cuyda matar*, és a dir, 'que gairebé em mata'. És això. Molt bé, Hiroshi! Has descobert una altra construcció curiosa del català: *cuidar* seguit d'infinitiu (a vegades amb la preposició *a* enmig i a vegades sense aquesta proposició). No forma part de la llengua estàndard (de fet, a Osaka no me'n van parlar i la veritat és que no l'he sentida mai a la tele o a la ràdio). Dedueixo que el seu ús és dialectal: segons el diccionari que he consultat, es diu a Mallorca, Menorca, el Rosselló i algunes zones de la Catalunya Central.

De tota manera, el *Diccionari català-valencià-balear* només ens dona els diversos significats del verb *cuidar*, però no pas l'evolució dels significats. És a dir, no sé com d'un significat es passa a un altre significat.

Ens hi haurem d'entretenir més. A veure: sé que, en la llengua general (és a dir, el que es diu a la tele i a la ràdio, i el que es diu majoritàriament al carrer), *cuidar* significa 'tenir cura' o 'encarregar-se' (per exemple, *Aquí cuiden els malalts, M'he de cuidar d'un infant, Qui es cuida d'aquest tema?*). El *Diccionari català-valencià-balear* això ja ho recull (és el significat 3). Però a partir d'aquí em quedo a les foques.

Tornem al *Diccionari català-valencià-balear*, a veure si m'ho resol. Em falta mirar un significat de *cuidar*, el número 1. La definició és "Pensar". També indica que aquest significat és antic. Val a dir, però, que és el sentit més proper al llatí. La informació etimològica d'aquest diccionari revela que *cuidar* prové del llatí *cogitare*, que vol dir 'pensar'.

El diccionari porta molts exemples d'aquest ús antic. Heus-ne aquí alguns. Primer un d'en Ramon Llull, el gran savi medieval mallorquí: *Aquell ermità entrà en la sinagoga... e'ls juheus no's guardaven de ell* [=no es fixaven en ell], *car cuydaven-se que fos juheu*, és a dir, 'es pesaven que era jueu'. Un altre d'un text del segle XIV: *Car ells, cuidant fer bé, tancaren e barraren bé les portes de la juheria* 'ja que ells, pensant que feien bé, van tancar i barrar bé les portes del barri jueu'. I un altre dels sermons de Sant Vicenç Ferrer, un religiós valencià dels segles XIV i XV: *E no m'havíeu cridat? No. Donchs yo me cuydava que vós me cridàveu* 'em pensava que vós em cridàveu'.

Primer he pensat que, efectivament, aquest ús antic de *cuidar* (amb el significat de 'pensar') era una antigalla. Però, ben mirat, roman parcialment en la llengua d'avui. Fixeu-vos: quan un s'oblida d'una cosa, és que no hi ha pensat. Doncs, quan passa això, hom pot dir el verb *oblidar-se* però també pot dir *descuidar-se*. Per exemple, *M'he descuidat l'entrepà*. I què és *descuidar-se*, sinó 'deixar de pensar'?

Hem avançat un xic, però encara queda veure com surt la frase que ha dit la policia osonenca (*he cuidat a caure*). Suposem que aquest ús prové del significat primigeni, 'pensar'.

Cal trobar el fil que permeti veure com es passa del significat 'pensar' al significat 'estar a punt de'. Amb aquest segon sentit, va seguit d'un infinitiu. Per tant, aquest segon sentit s'ha de generar a partir d'una frase on aparegui *cuidar* en el sentit primigeni ('pensar') seguit d'infinitiu.

El *Diccionari català-valencià-balear* aporta un exemple que em sembla útil. Prové d'un document de l'any 1387 i diu així: *Sapiats que jo so vengut de Barcelona a Perpenyà, hon vos cuydave trobar*, és a dir, 'on pensava que us trobaria'. Podem plantejar altres frases on el verb en infinitiu sigui una cosa que implica 'imminència' (com *caure*, en la frase que ha dit la policia). Posem per cas, *morir*. Si algú a l'Edat Mitjana digués que *cuidava morir*, el significat és que 'es pensava que moriria'. A partir de frases com aquestes (amb *morir, caure, cremar-se, ferir-se*, etcètera), és possible que *cuidar* anés prenent un significat semblant a 'estar a punt de'. En efecte, si un pensa que morirà immediatament, quan després ho explica podria dir *Vaig estar a punt de morir* (o semblant). Doncs si en català medieval es deia *cuidava morir* 'em pensava que em moria', podria reinterpretar-se el verb *cuidava* com 'estava a punt de'.

Renoi, que ets bo, Hiroshi! Aviat em donaran el Premi d'Honor de les Lletres Catalanes!

De cop he vist n'Íker, un dels operaris de la nau, que venia cap a mi. És evident que volia dir-me alguna cosa.

—Hiroshi, nano, vens a dinar o què?

Ja deia jo que feia dies que no sortia, el *nano*.

16. Si és un dia boi perfecte, rai, oi?

Avui és el meu aniversari. Faig 28 anys. Quan m'he llevat, na Claudia —és un sol, la meva dona!— m'ha deixat el regal damunt la taula del menjador. Quan l'he vist, no he pogut reprimir un somrís, he tornat al llit i li he fet un petó.

Quan ella s'ha llevat, he obert el regal. Hi havia dos diccionaris. Un es titula *Diccionari pràctic i complementari de la llengua catalana, volum I*, de l'any 2002. L'altre es titula *Gran diccionari 62 de la llengua catalana*, de l'any 2000. Són una mica antics. Na Claudia m'ha dit que els va trobar en una llibreria de vell. Pobra! Ha degut rondar diverses llibreries de vell de Barcelona per a trobar una cosa que m'agradés!

M'ha fet molta il·lusió. Jo solc consultar els diccionaris a través del mòbil (via navegador o mitjançant apps). Però tenir aquests diccionaris també és d'agrair.

El diccionari 62 és un diccionari general. En canvi, el *Diccionari pràctic i complementari*, tot i que és gruixut, sols recull aquelles paraules que, a parer dels seus autors, no estan prou ben definides en els diccionaris generals. Per exemple, pot ser que un mot tingui diversos significats secundaris en alguna regió, a més del significat general. Aquest diccionari recull els significats secundaris.

Al vespre ja els fullejaré amb calma.

A la feina he dut l'esmorzar, com és costum quan algú fa anys. He fet un pastís de crema i nata guarnit amb maduixes. En japonès en diem *kurisumasu keeki* 'pastís de Nadal'. (He d'aclarir que, al Japó, celebrem el Nadal, però no pas com una festa religiosa —al meu país pràcticament no hi ha cristians—, sinó com una festa de parelles joves.) El pastís ha estat un èxit: tothom se'n llepava els dits.

—L'has fet tu, aquest pastís? —deia n'Íker, un dels operaris.

—Sí.

Se'ns atansa en David, l'informàtic, i deixa anar:

—Jo no me'n fiaria gaire, del Hiroshi! Aquest pastís és molt bo, però encabat mos vindrà la caguèrria, i tindrem d'anar a correcuita al vàter!

L'expressió *a correcuita*, que bonica que és! A vegades l'he sentida a la inversa: *cuitacorrents*. Llàstima que en David l'hagi emprada en una frase tan barroera. Jo miro de defensar-me:

—Que us penseu que us he emmetzinat?

—Potser sí —prossegueix en David—. Ara, que per l'Íker jo no patiria... Ell rai, que té una panxa a prova de bomba!

Enmig de les rialles, en David se'n va amb altres, i jo em quedo pensant en aquest mot: *rai*. Quin mot més curiós, no?

N'Íker se m'atansa així que en David se n'ha anat i em diu:

—No li facis cas, a en David, que és un baliga-balaga. Oi?

No sé què respondre, perquè no sé què és un *baliga-balaga*.

Se'ns atansa en Marc, un dels camioners de llarg recorregut. És d'un poble del costat de Vilafranca del Penedès. És alt i té els cabells arrissats, que sempre amaga sota una gorra.

—Ei, Marc —li diu n'Íker—, oi que en David és un perepunyetes?

Un altre cop el mot *oi*.

—No ho sé, xaval, només sé que té un gènit...! Quan agafa una enrabiada, feina rai.

Un altre cop el mot *rai*! Sembla que vulguin posar-me a prova!

—Tu rai —hi torna n'Íker— que tot el dia ets a fora amb el camió. En canvi, jo que m'estic aquí cada dia, l'he d'aguantar!

—Malament rai, doncs, si l'has d'aguantar tot el dia —li respon el camioner—. I encara rai que no us deveu veure gaire, aquí dins la nau!

—Ei —dic jo—, però quan s'espatlla un ordinador bé li demaneu ajuda...

—L'ordinador rai, que sempre es pot canviar per un de nou —em respon n'Íker—. Però les persones no les podem canviar... Tant de bo pogués optar a ser camioner, en comptes d'estar-me aquí a la nau!

—Això rai —respon en Marc— presenta una sol·licitud a la Dèbora. Ara: té més mala llet que en David...

S'ha acabat l'hora d'esmorzar. La veritat és que estic empatxat. No de pastís de Nadal, no: de la paraula *rai*.

En Marc vol enfilar cap al seu camió, però l'aturo.

—Marc, ja tens el camió carregat?

—El tinc boi carregat —em respon—; hi he posat boi tots els palets, sols em falten aquells d'allà. Vols que t'avisi quan acabi de carregar-lo?

—Eh... sí, gràcies.

—Ara són boi dos quarts, crec que d'aquí a una hora estarà carregat, boi!

Una altra paraula rara: *boi*. Què vol dir? D'on surt, aquest mot?

En un sol esmorzar he recollit *rai*, *oi* i *boi*. Quina feinada que m'espera, avui!

—oOo—

Al vespre, a casa, he fullejat els dos diccionaris que m'ha regalat na Claudia.

És l'ocasió de buscar informació sobre les paraules que he recollit avui. Primer hi busco *boi*. Vaja: no hi és (ni en un diccionari ni en l'altre). Comencem bé.

He mirat al mòbil els diccionaris de l'Institut d'Estudis Catalans i de l'Enciclopèdia Catalana... i tampoc recullen aquest mot! Si continuem així, això serà un fracàs absolut.

Em queda una darrera opció. He obert el navegador del mòbil i he teclejat l'adreça web del *Diccionari català-valencià-balear*.

En aquest diccionari sí que hi ha el mot *boi*, però remet a *bo*. Això vol dir que *boi* prové de *bo*.

Miro la paraula *bo* en aquest mateix diccionari i té un apartat (el VI) només per a la construcció *bo i*, que apareix escrita separadament, tot i que també indica que a vegades s'escriu junta (*boi*).

De seguida ho trobo: la definició de *boi* és "Quasi". És això! Exemples que porta: *Aquest home és boi mort*; *El pou boi era ple*; *Jo sóc boi tan gran com tu*; *N'hi queden boi la meitat*; *Boi t'he agafat*.

En tots aquests exemples, *boi* acompanya un adjectiu (excepte *la meitat*), exactament com ho ha fet en Marc (ha dit *boi carregat* i *boi tots els palets*; de fet, *carregat* és un participi verbal, però els participis funcionen sempre com a adjectius; i *tot* com a quantitatiu pot equiparar-s'hi). Per tant, en Marc volia dir que tenia el camió gairebé carregat.

Una informació addicional que reporta el *Diccionari català-valencià-balear* és que a Menorca no es diu *boi* sinó *boni*. Exemples: *L'han deixat boni mort*; *Ja tenc sa casa boni acabada*; *No n'ha quedat boni gens*. Quan vagi al restaurant menorquí del Poblenou ja m'hi fixaré, si ho diuen. En tot cas, que hi hagi aquesta ena enmig no m'estranya. El mot *bo* té, com a plural, *bons*; i, com a femení, *bona*. Per tant, hi ha una ena que a vegades hi apareix. Potser a Menorca es deia *bon* i després la *i*...

Encara em falta esbrinar com es genera l'expressió *bo i* (precursora de l'adverbi *boi* 'quasi').

Segueixo amb el *Diccionari català-valencià-balear*. Hi ha un altre significat de la construcció *bo i*. Llegeixo: "Indica simultaneïtat o coexistència de dos actes o de dues circumstàncies que podrien no coincidir". I posa exemples com *No convé llegir bo i dinant*, o *Bo i cosint va quedar adormida*. Aquest ús (acompanyant un gerundi) l'he sentit algun cop, si bé poc. De tota manera, aquí va seguit de gerundi (*dinant, cosint*). Calla: el diccionari també porta aquest exemple: *Aquestes coses les aprenen bo i petits* (*=essent petits*). És a dir, que la construcció *bo i* tant pot anar seguida de gerundis com d'adjectius (inclosos participis verbals).

I quin és l'origen d'aquest ús de *bo i* amb gerundis i adjectius/participis? Segons el *Diccionari català-valencià-balear*, ve de quan es deia que algú era *bo i*, a més, anava d'una determinada manera. Per exemple, un *cavaller bo i guarnit* (per citar l'exemple que porta el diccionari, extret de la *Crònica* de Ramon Muntaner, del segle XIV). Al principi, significava simplement que el cavaller era bo (és a dir, bona persona) i que anava guarnit; i, amb el pas del temps, es va anar solidificant l'expressió *bo i* seguida d'adjectiu.

O sigui: es pot dir que l'expressió *bo i* (i la seva forma solidificada *boi*) ha viscut tres estadis:

1) Primer estadi: originalment, tenim frases on es diu que hom era *bo* i es presentava d'una determinada manera (expressat això darrer amb adjectius, sobretot participis, encara que també gerundis). Per exemple, *Hi havia un senyor bo i mudat*. El senyor era bo (*bo*) i es presentava d'una determinada manera (*mudat*).

2) Segon estadi: amb el pas del temps, la construcció *bo i* acabarà interpretant-se com una marca de simultaneïtat. Així, *Va venir un senyor bo i mudat* seria sinònima de *Va venir un senyor mudat*; de la seva banda, *bo i* ja només és un mer reforçador de l'expressió, que remarca la simultaneïtat de dos fets (*venir*, d'una banda, i *anar mudat*, de l'altra). Això segurament va permetre que comencés a dir-se amb gerundis: *Va venir un senyor bo i cantant*, és a dir, venia mentre, al mateix temps, cantava.

3) A partir d'aquest ús com a marca de simultaneïtat, va haver-hi una altra reinterpretació. Com que el grup *bo i* solia aparèixer davant adjectius (inclosos participis), va interpretar-se com 'quasi'. Així, *Va venir un senyor boi mudat* passa a significar 'bastant mudat'. I això és el que deuen dir al Penedès: per aquest motiu en Marc m'ha dit que tenia el camió *boi carregat*.

Oh! Que en soc, de bo!

Com que ara ja sé que *boi* en realitat ve de *bo i*, he tornat a mirar (a través del mòbil) els diccionaris de l'Institut d'Estudis Catalans i de l'Enciclopèdia Catalana, però ara consultant la paraula *bo*. Les definicions són molt més genèriques. L'Institut d'Estudis Catalans diu de *bo i*: "Expressió anteposada a un adjectiu, a un adverbi o a un gerundi, que serveix per a emfasitzar-los". I l'Enciclopèdia Catalana diu: "Locució usada per a emfatitzar un adjectiu, un adverbi, un gerundi o un participi". Un exemple que hi surt és *Anava bo i distret*. Cap dels dos, però, no indica que significa 'quasi'.

Ara anem a la partícula *oi*. Tots cinc diccionaris porten aquesta partícula. Sintetitzo el que diuen.

D'entrada, estableixen dos usos: (*a*) com a resposta; (*b*) com part integrant d'una pregunta.

Quan s'usa com a resposta, bàsicament és per a dir que *sí*, però alhora confirmant allò que se'ns ha demanat. El *Diccionari català-valencià-balear* ho explica molt bé: "Partícula amb què s'expressa la conformitat amb el que algú acaba de dir [...]; equival a la partícula afirmativa *sí*, però amb un matís de més intensitat". Us reporto els dos exemples seus. El primer: *Has d'anar a missa? —Oi!* El segon exemple: *Faràs el que t'he dit? —Oi, si ho faré!*

Quan és part integrant d'una pregunta, es posa quan, qui pregunta, espera una confirmació a la seva pregunta, o bé un assentiment a la demanda.

Amb aquest segon ús he vist que *oi* pot anar al final de la pregunta, o bé al principi, però llavors va seguit de *que*. Us reporto diversos exemples extrets dels diccionaris: *Ell ha estat aquí a les vuit del matí, oi?*; *No vindràs, oi?* (serien mostres de posposició); *Oi que ho faràs?*; *Oi que vindràs?* (serien mostres d'anteposició). (Al *Diccionari bàsic català-japonès japonès-català* només hi surt *oi que sí?*: seria un cas d'anteposició.)

Això és fàcil d'entendre. Imaginem que jo vull saber si demà plourà, amb vista a planificar les rutes de repartiment. La pregunta que faria a un meteoròleg seria: *Demà plourà?*, i la resposta pot ser *sí* o *no* (és a dir, la resposta és oberta). Ara: si tinc la sospita, la creença o incidis que demà plourà, la pregunta que jo formularia seria: *Oi que demà plourà?* o bé *Demà plourà, oi?* Quan ho dic així, espero que em responguin *sí*. És a dir, n'espero una confirmació. Si em responguessin *no*, em quedaria xocat, perquè no és la resposta que espero.

Total: que *oi* (com a part integrant d'una pregunta) serveix per a manifestar que hom espera confirmació de la creença que hi ha implícita en la pregunta. Per tant, la pregunta *Oi que vindràs a la festa?* equival més o menys a dir *Espero que vinguis a la festa*.

De tota manera, ara caic que, quan es fa una pregunta i hom espera una confirmació, també es fa servir la partícula *no*. I exactament en les mateixes posicions que *oi*. Fixeu-vos-hi: *Ell ha estat aquí a les vuit del matí, oi?* = *Ell ha estat aquí a les vuit del matí, no?* O també: *Demà plourà, oi?* = *Demà plourà, no?* I aquesta altra: *Oi que vindràs a la festa?* = *No que vindràs a la festa?*

Per a demanar confirmació d'una pregunta, en japonès tenim una partícula que posem al final de la frase, *ne*. Per tant, aquest recurs de posar *oi* o *no* al final de la pregunta no se'm fa estrany. Ara bé: dels catalans, allò que em molesta és que, per a expressar la voluntat de confirmació a la pregunta o d'assentiment a la demanda, useu el mot *no*. Però si el mot *no* significa tot el contrari!!! Com s'explica que pregunteu *Vindràs, no?* i l'altre respongui *Sí* amb tota naturalitat? I encara pitjor: un pot dir *No que demà plourà?* i l'altre confirma dient *Sí*. Bah! Ho veieu, com els catalans parleu al revés!?

Però.. calla... això en anglès també passa. Si es vol una confirmació a una pregunta que porta implícita una creença, en anglès posen una expressió al final de la pregunta: és *isn't it?* (literalment, 'no ho és?').

Per exemple, si em trobo una cartera a la nau i em penso que és la cartera de n'Ovidiu, li puc dir *It's your wallet, isn't it?*, que en català seria *És la teva cartera, oi?*, però també es pot dir *És la teva cartera, no?* Semblantment, una frase com *Vindràs a veure'ns, oi?*, en anglès es diria *You will come to see us, won't you?*, on al final hi ha *won't*, és a dir, *will not* 'no voler'.

Bé, jo aquí criticant els catalans, quan els anglesos fan el mateix... Us demano disculpes.

En anglès, el terme gramatical per designar l'expressió *isn't it* (o semblants) és *question tag* 'etiqueta de pregunta'. Ara ja sabeu quin és el terme per a referir-se al mot *oi* o al mot *no* quan té el mateix valor que *oi*: una *question tag*.

I ara és l'hora d'abordar el tercer mot, *rai*. Repassem què han dit els meus companys: primer han dit *Ell rai, que té una panxa a prova de bomba!*; després, *Quan agafa una enrabiada, feina rai*; tot seguit, *Tu rai*; a continuació, *Malament rai*; encabat, *Encara rai*; seguidament, *L'ordinador rai, que sempre es pot canviar per un de nou*; i, finalment, *Això rai*.

He consultat altra vegada tots cinc diccionaris (en el *Diccionari bàsic català-japonès japonès-català*, aquest mot no hi és). La definició que em donen és, en general, enrevessada. Per exemple, el *Diccionari català-valencià-balear*: "Partícula intensiva a manera d'exclamació que s'usa acompanyant altres mots, amb un sentit d'assentiment, de conformitat a una cosa òbvia, de reconeixement de l'evidència o de la gran facilitat d'allò que es diu o que acaba de dir-se". O el diccionari de l'Institut d'Estudis Catalans: "Mot que, posposat a un membre d'una oració, introdueix o emfatitza un sentit satisfactori que contrasta amb allò que es desprèn del context lingüístic, més o menys ampli, o amb allò que es pressuposa o se sobreentén". I el de l'Enciclopèdia Catalana: "Partícula intensiva que, unida a un membre de proposició (nom, pronom, infinitiu, oració subordinada, etc.), forma, sense l'ajut de cap verb, una proposició completa en què s'expressa que allò que hom tem, plany, que sap greu, etc., no és gens o tant de témer, de plànyer, etc., i, si s'adjunta a un adverbi o una frase adverbial, no ho és almenys en la circumstància expressada per aquest adverbi". Buf!, això és indigest!

Només el *Diccionari pràctic i complementari* —un dels que m'han regalat— porta una definició comprensible: "Mot que, generalment, aporta un sentit de satisfacció o d'esperança a la frase, encara que també pot servir per intensificar una situació negativa". No cal que us doni la definició del diccionari 62, perquè és plena de terminologia lingüística que no s'entén.

Ja que les definicions són espesses, mirem els exemples que porten tots aquests diccionaris, a veure si fan llum: *Us esteu fent una casa preciosa —Si la podem pagar, rai* (tot seguit hi ha un afegitó, que diu: *(serà difícil)*); *Mira que et mulles els peus —Els peus rai! Mentres no em mulli el cap!* (quina frase més rara!); *Vosaltres rai, que sou joves i teniu molta vida per davant* (el fragment inicial no acabo de veure'l clar); *El passat rai; l'esdevenidor t'ha de preocupar* (ja té raó); *La Maria encara no ha arribat —Això rai; podem començar sense ella* (que desconsiderats!); *Avui rai, que ja tenim la feina enllestida i podem plegar aviat* (no sempre es pot dir, això); *Ara rai, que ja hi ha una carretera; abans sí que era difícil d'arribar-hi* (un exemple interessant); *Dir-ho rai; fer-ho és una altra cosa* (aquest tampoc l'entenc gaire); *Si podem acabar rai; el mal és si no tenim prou temps* (tampoc l'entenc gaire); *M'han cobrat seixanta euros pel dinar —Tu rai, que ets ric!* (devia ser de gurmet, aquest dinar!); *He trencat la cadira —Això rai! No et preocupis* (deu ser ric, perquè si a casa meva es trenca una cadira, no estem per comprar-ne una altra!).

Que és reconsagrada, aquesta paraula!

M'he fixat en un detall si més no curiós. Com deveu saber, totes les paraules que hi ha en un diccionari tenen indicada (abans de la definició) llur categoria gramatical (generalment, mitjançant una abreviatura). Així, un sap si aquell mot és un article, un nom, un adjectiu, un pronom, un verb, un adverbi, una preposició... fins i tot si es tracta d'un prefix o un sufix.

Però... *rai* és una excepció! Com ho sentiu: ni el diccionari de l'Institut d'Estudis Catalans, ni el diccionari de l'Enciclopèdia, ni el *Diccionari català-valencià-balear* tenen cap abreviatura després de l'entrada *rai*. Això deu ser un indici que, els qui fan diccionaris, no saben com tractar aquest mot. Que fort! Deu ser l'única paraula dels diccionaris catalans que no té indicada la categoria gramatical!

L'únic diccionari que porta una categoria gramatical per a aquest mot és el de 62 (un dels que m'ha regalat na Claudia). Diu que és un adverbi i conjunció. Bé, ja és alguna cosa.

Se m'acut de baixar-me altres diccionaris al mòbil, a veure si m'ho confirmen. Per exemple, l'Enciclopèdia Catalana té una col·lecció de diccionaris bilingües entre el català i moltes llengües. Em descarrego el català-francès, i miro a veure què... i diu que *rai* és... interjecció! Però en què quedem??? Ara sí que no entenc res!

Si abans he dit que aquesta paraula era reconsagrada, m'he quedat curt! Va, Hiroshi, calma't: segur que tu pots treure'n l'entrellat. Comencem per aclarir-ne el significat.

En pràcticament tots els casos, *rai* és com si atenués la negativitat del que s'ha dit abans. Per exemple, jo puc dir: *En Pep s'ha quedat sense feina.* I em poden respondre: *Ell rai, que segur que sabrà trobar feina nova.* La meva frase expressa una idea negativa (quedar-se a l'atur), mentre que la resposta indica que la situació no és tan negativa com podria semblar.

Ja ho tinc! La definició de *rai* pot ser "No importa" i/o "No cal patir (per)". Fixeu-vos: *En Pep s'ha quedat sense feina —Ell rai, que segur que sabrà trobar feina nova* podria parafrasejar-se per *No cal patir per ell, que segur que sabrà trobar feina nova.*

Miro de nou el diccionari català-francès, a veure quina equivalència dona en francès. Hi posa *peu importe* 'no importa' o *pas de problème* 'cap problema', entre d'altres. Doncs és això! L'he encertada!

De fet, una de les definicions que he vist —el diccionari de l'Enciclopèdia Catalana— ja apunta a aquest significat. Contenia aquest passatge: "expressa que allò que hom tem, plany, que sap greu, etc., no és gens o tant de témer, de plànyer, etc.".

Pot haver-hi alguna construcció fixada on *rai* no tingui el sentit que jo li dono, per exemple *malament rai* 'això és dolent', *feina rai* 'la feinada que tindrem' o *encara rai* 'encara bo, encara sort'. Però això no és cap obstacle, ja que a cops les paraules apareixen en construccions fixades sense que necessàriament tinguin el mateix significat que quan van en solitari. I, quan passa això, basta consignar al diccionari les construccions fixades com a subentrades.

Bé, he arribat molt lluny. Però encara em falta una cosa: determinar-ne la categoria gramatical. Segons alguns diccionaris, és adverbi, conjunció i interjecció. Vejam: no pot ser adverbi, perquè un adverbi acompanya verbs i adjectius, i *rai* no acompanya ni verbs o ni adjectius. Descartat, doncs. Tampoc deu ser una conjunció, ja que les conjuncions fan de nexe (*i, o, però...*), i no és el cas de *rai*, que no fa de nexe. Fora, també. I una interjecció és una paraula que va solta, que evoca sensacions ('dolor', 'sorpresa', 'enuig', 'alegria'...) i que fonèticament és especial (com *ai!, ui!, oh!, uà!, ahà!*, etcètera), cosa que no es dona a *rai*. Per tant, ha de ser una altra cosa. Però quina?

Vejam: m'he empescat unes frases que podrien substituir *rai*. Aquestes frases, com estan formades? Hi surten els verbs *no importar* i *no patir*. És a dir, qui diu *rai* podria dir aquests dos verbs. Dit d'una altra manera, *rai* és una mena de substitut de verbs.

Un substitut... Calla, de què em sona? Sí: hi ha una categoria gramatical que funciona com a substitut del nom: el pronom. Exacte!

I si un pronom és allò que es posa en lloc d'un nom, allò que es posa en lloc d'un verb és un proverb. I si el mot *rai* substitueix els verbs *no importar* i *no patir*, aleshores és un... proverb!

Aquest ha estat, sens dubte, el millor aniversari de la meva vida.

17. La força és massa

Matí de reunions a la feina. A primera hora, reunió del cap (el senyor Català) amb la gent que treballa a l'oficina, inclòs jo, que soc l'enllaç entre la gent de baix i l'oficina. Després, una reunió en petit comitè entre el senyor Català, la Dèbora (la cap de recursos humans) i jo. En aquell moment s'ha fet l'hora d'esmorzar. En acabant, m'he reunit jo amb els responsables de cada secció a baix a la nau. Tot seguit, nova reunió entre el senyor Català, na Dèbora i jo.

La veritat és que aquestes reunions —on sempre hi ha cafès de màquina, d'aquells que no tenen gust de cafè— són poc profitoses. S'allarguen molt i diria que no es resol gaire res. Penso que la millor manera de fer una reunió és a peu dret, tal com fan moltes empreses del Japó. Així la gent es cansa abans, i fa més via en les deliberacions. Un estalvi de temps considerable.

Quan he acabat la marató de reunions ja faltava poc per la una, hora de dinar. Així que m'ha assegut en una cadira. Estava cansat de tanta reunió.

—Estàs baldat? —em demana na Queralt, l'administrativa, sense aixecar-se de la seva cadira.

—Eh?

—Jo, quan tinc tantes reunions seguides, després no puc dir ni fava.

—Què? Una fava? Què significa *dir una fava*?

Ja veieu que començo a perdre'm una altra vegada. Però na Queralt prossegueix, impertèrrita.

—Doncs espera't, que amb els canvis que volen introduir encara tindràs més feina!

—Què vols dir?

Na Queralt està disposada a explicar-me quatre coses més, ja que ella està més assabentada de tot el que passa a l'oficina que no pas jo.

—L'Arcadi —es refereix al senyor Català— vol fer canvis radicals. Cada vegada tenim més competència i més efectiva. Nosaltres vam posar-nos al capdavant del mercat perquè vam saber innovar, però ara són les altres empreses les que innoven. I se'ns tiren al damunt. L'Arcadi té por que tot se'n vagi en orris, i per això vol fer cau i net.

Ja m'he saturat. Puc entendre *se'ns tiren al damunt*, ja que és una mena de metàfora. Però què és això d'*anar als orris*? Què és un orri? I *fer cau i net*? Entenc *fer net*, que significa, a més de 'netejar', 'no deixar res'. Però *fer cau i net*?

—Però, casum ronda —prossegueix na Queralt—, això costarà Déu i ajut. Ja has sentit que l'Arcadi ens ha dit que hi ha directius al Japó que no veuen clars els canvis que proposa. Per això l'Arcadi està mosca. Si et fot un moc, no l'hi tinguis en compte, és per la pressió.

Què hi té a veure, una mosca, amb tot el que parlem? I per què m'ha de deixar anar un moc, el senyor Català? Se suposa que si es moca, els mocs fan cap al mocador. Per què l'ha de llençar a la gent? Si és una porcada! Na Queralt segueix parlant:

—L'Arcadi no ho ha dit, però es guarda un as a la màniga.

Un ase a la màniga? Com es pot guardar un ruc en una màniga? No he begut vi, a l'hora d'esmorzar, però no entenc gaire el que diu na Queralt, que continua amb el seu discurs:

—Es veu que té in mente contractar un assessor. Un expert en organització empresarial i noves maneres de fer. La idea de l'Arcadi és que aquest home ens reorganitzi els horaris i els procediments de manera que siguin més eficients i rendibles.

—I qui és?

—No ho sé, però és una patum, es veu.

—Que és a la Patum, dius? —jo ja sé que la Patum és la festa més coneguda de Berga, d'on és na Queralt, i que es fa a mitjan juny i que surten tot de diables i dracs al carrer— Així el coneixes?

—No, t'he dit que no sé qui és.

—Però no has dit que és a la Patum?

Na Queralt deixa estar l'ordinador i em mira per damunt de les ulleres.

—No, home, he dit que és algú que en sap molt. Una *patum* és algú que en sap molt, d'un tema.

—Ah...

—Bé, segur que és algú molt llarg, perquè millorar el funcionament d'una empresa tan complexa com la nostra requereix algú que sigui un coco.

Quan diu que aquest personatge és llarg, deu voler dir que és molt alt, interpreto. El que no he entès és per què l'ha etiquetat de *coco*. Un coco es menja. Potser és que és grassonet, i a la gent grassoneta se li diu que és un coco, perquè el coco té forma ovalada, com els panxuts.

—Què vols dir, que és un coco? Que és rodanxó? —li demano.

—Algú molt intel·ligent, capsigrany! Quan diem que algú *és llarg* és que és llest. I si diem que *és un coco*, també. El coco vol dir el cap.

—I per què no has dit que aquesta persona *té cap*? —li retrec.

Na Queralt sospira.

—Perquè quan diem que algú *té cap* volem dir que té seny. I no és el que volia dir jo. Jo volia dir que és algú molt intel·ligent, molt capaç.

—Ah...

Per primer cop, na Queralt abandona l'ordinador i es desplaça, sense aixecar-se de la cadira, fins a la impressora, amb una empenta. Recull un full que n'ha sortit i, amb una nova empenta, torna a ser davant l'ordinador, sense haver-se aixecat de la cadira. Quan torna a ser davant l'ordinador, li pregunto:

—I tu, trobes bé que vingui aquest home?

—Bé, es tracta de fer bullir l'olla. Almenys estarem distrets.

Miro a l'oficina i no veig cap olla bullint. A què es deu referir?

Quan s'ha fet l'hora de dinar, na Queralt ha tret les carmanyoles i s'ha escalfat el menjar al microones. Jo, en comptes d'anar al bar d'en Manolo, m'he tret l'entrepà. Avui, com que sabia que hi havia tantes reunions, he pensat que gairebé no tindria temps de dinar, així que m'he dut l'entrepà.

Hem anat tot dos a la sala de reunions. Allà hem anat menjant.

—A veure si aquest nou organitzador que ens ve ens obliga a halar en deu minuts —diu na Queralt.

Interpreto que *halar* (pronunciat amb aspirada inicial, com en anglès) vol dir 'menjar'. Deu ser un col·loquialisme.

—Potser deu minuts no, però sí vint —li dic jo.

—Doncs la teca no es posa bé, amb deu minuts.

—No sabia que t'agradava el bricolatge. Així que la teca necessita més temps per a ser muntada.

Na Queralt em torna a mirar per sobre de les ulleres.

—La *teca* vol dir el menjar, home. No parlava de la fusta de teca.

—Ah... Aquesta paraula no me la van ensenyar, a Osaka.

—És un col·loquialisme —m'explica na Queralt—, no t'hi capfiquis. En català hi ha forces col·loquialismes.

M'ha semblant sentir *forces col·loquialismes*? No hauria hagut de dir *força col·loquialismes*? Almenys en el llenguatge estàndard —i el que s'ensenya a les classes de català a Osaka— és així.

—Ja ho sé, ja, me'n trobo sovint —responc, amb resignació.

—Escolta, Hiroshi —em diu na Queralt—, quan vas aprendre català al Japó, quina impressió et va fer? Vull dir, t'agradava?

—El català m'agrada. Tenia un bon professor, en Martí.

—Però quan l'aprenies, què en pensaves? Què et venia al cap?

Hi penso una mica i responc.

—El català i el japonès són molt diferents. Vosaltres, en els verbs, teniu passat, present i futur, però en japonès no hi ha futur. Ara, per contra, en japonès, quan diem un numeral, també hem de dir un partícula que indica el tipus d'objecte que estem quantificant. Tenim una partícula per a persones i una altra per a animals, però una altra per a coses planes i una partícula per a coses llargues, per exemple. Per a un català, aprendre francès és molt fàcil, perquè s'assemblen molt. Però aprendre japonès ha de ser més difícil. Doncs a la inversa és si fa no fa.

—Ostres, que curiós! —diu na Queralt— Mira, jo vaig conèixer el professor de català de la Universitat de Praga, i em deia que s'hi veia una muntanya a l'hora d'explicar els pronoms febles. La raó és que, en les llengües eslaves (com el txec) generalment es fan servir adverbis allà on el català fa servir pronoms febles. Com ensenyes una cosa que en l'altra llengua no existeix?

—Doncs en part em passava això a mi —dic, i faig un mos a l'entrepà.

—De tota manera —diu na Queralt—, en el teu cas cal afegir-hi la diferència a l'hora d'escriure. Almenys el txec s'escriu amb alfabet llatí!

—Certament —responc.

—Però bé —hi afegeix na Queralt—, l'ortografia catalana també té coses complicades. Jo penso que en català hi ha masses excepcions, en l'ortografia nostra. I ja no et dic la del francès!

Si ho he sentit bé, ha dit *masses excepcions*. Un altre cop, en català estàndard seria *massa excepcions*. O això van ensenyar-me a Osaka. Després de fer una altra mossada, mastegar-la i empassar-me-la, dic a na Queralt:

—Queralt: vols que t'expliqui quatre coses del japonès?

Em mira i acaba dient:

—Va, sí! Comença explicant-me allò dels diferents registres de cortesia!

—oOo—

A primera hora de la tarda hem tingut molta feina. Teníem molts enviaments a fer. Calia anar a buscar la paqueteria a diversos llocs, en alguns casos ja repartir-la directament però en d'altres entrar-la a la nau i classificar-la, per tornar-la a fer sortir immediatament. Alguns paquets feien molt d'embalum i ha calgut manejar-los amb un toro. Totes aquestes complicacions són normals, però a vegades anem saturats. A veure si ve la patum aquella que diu na Queralt i ens ho organitza perquè no ens saturem. Encara que sóc escèptic: nosaltres fa temps que ens barallem amb paqueteria i sabem què es pot fer i què no per a optimitzar el temps.

Quan era darrera hora de la tarda, tot s'ha traquil·litzat. Uf, per fi una mica de pau! No falta gaire per a plegar, així que m'entretindré escombrant la nau: és plena de plàstics, cintes, restes d'embalatge i altres objectes, fruit del batibull de la tarda. Hem anat tan enfeinats que era impossible dedicar-se a netejar. Així que, durant aquests minuts que falten perquè es faci l'hora de recollir, netejaré una mica. Un lloc endreçat sempre fa de més bon treballar-hi.

Mentre escombro, vaig rumiant sobre el que ha dit na Queralt: *forces col·loquialismes* i *masses excepcions*. No tinc cap dubte que, en la variant estàndard del català, ha de ser *força col·loquialismes* i *massa excepcions*. De fet, és el que solc veure escrit, el que sento més i el que van ensenyar-me a Osaka.

Però també és cert que algun cop he sentit aquests quantificadors indefinits en plural, sobretot entre companys de feina, però algun cop també en altres indrets, com ara botigues de roba de marca al centre de Barcelona.

La pregunta que m'ha vingut al cap és: com és que hi ha gent que posa *força* i *massa* en plural (quan acompanyen noms en plural, vull dir), si la forma més general és invariable, és a dir, sense plural? Què porta de la frase *Hi ha massa persones* a la frase *Hi ha masses persones*?

Però ara veig que, abans, m'he de formular una pregunta prèvia. Com és que els mots *força* i *massa* es fan servir com a quantificadors indefinits?

En el cas de *força*, bé hi ha el mot *bastant* (que, segons em va explicar en Martí, el professor de català d'Osaka, prové del verb *bastar* 'haver-n'hi prou'). Un pot dir *Això és bastant car*, *La gent viatja bastant*, *Tinc bastants llibres de cuina*, *Hi ha bastanta gent*. Els valencians solen dir *prou*, en aquest context (mot que ja hem vist). Per què hi ha persones, doncs, que empren el mot *força* en aquestes frases (*Això és força car*, *La gent viatja força*, *Tinc força llibres de cuina*, *Hi ha força gent*)? Almenys, a Barcelona es diu molt, aquest *força*. Però és evident que és innecessari, havent-hi *bastant*, que podem considerar sinònim de *força*.

Quant al *massa*, és cert que no hi ha cap alternativa (a no ser que consideréssim una bona alternativa l'expressió *en excés*).

Haurem de treballar-nos-ho, això.

Comencem. Sé que els mots *força* i *massa* funcionen de dues maneres. Primer, com a noms. I segon, com a quantitatius indefinits.

Com a nom, el mot *força* indica 'capacitat física per a fer coses' (per exemple, *Un cavall té molta força*). I el mot *massa*, també com a nom, indica 'agregació de matèria que forma un cos' (per exemple, *S'atansa una massa d'aire fred*) i, per derivació, 'pasta homogènia, obtinguda barrejant un líquid i una substància en pols' (per exemple, *Per a fer el pa, primer cal fonyir la massa*). En tant que noms, poden dur plural, òbviament: *Em fallen les forces*; *Cadascuna d'aquestes masses és diferent*.

L'ús com a nom no presenta cap problema.

Ara anem als usos com a quantificadors indefinits. Com a tals, anirien al mateix sac on hi ha els mots *poc* (entre el 0% i el 20%), *molt* (entre el 80% i el 100%) i *bastant* (entre el 60% i el 80%). El mot *força* seria sinònim de *bastant*, mentre que el mot *massa* indicaria una quantitat superior al 100%.

Pel que fa al context, tots aquests mots poden aparèixer en més d'una posició.

Primera posició: acompanyant un nom: *Avui fa poc vent, Avui fa molt (de) fred, Avui fa bastant (de) vent...* doncs també *Avui fa força vent* i *Avui fa massa vent*. Semblantment, *Hi ha poca gent, Hi ha molta (de) gent, Hi ha bastanta gent...* doncs també *Hi ha força gent* i *Hi ha massa gent*.

Segona posició: acompanyant un verb (llavors podem etiquetar-lo com a adverbi): *Ell parla poc, Ell parla molt, Ell parla bastant, Ell parla força, Ell parla massa*.

I tercera posició: acompanyant un adjectiu (és lògic: acabem de dir que aquests mots poden considerar-se adverbis perquè acompanyen verbs; i els adverbis també acompanyen adjectius): *Ell és poc alt, Ell és molt alt, Ell és bastant alt, Ell és força alt, Ell és massa alt*.

Com a quantificadors indefinits, els mots *poc* i *molt* tenen variació de gènere quan acompanyen noms. Així, *poc o molt vent, poca o molta gent, pocs o molts pastissos, poques o moltes camises*. Però no quan acompanyen adjectius i verbs (és a dir, quan els mots en qüestió són adverbis): *poc o molt alt, poc o molt alta, poc o molt alts, poc o molt altes*.

I com a quantificadors indefinits, els mots *força* i *massa* són invariables sempre. Almenys en el llenguatge estàndard i també en bona part de la parla. Així, no tan sols es diu *força o massa alt, força o massa alta, força o massa alts, força o massa altes*, sinó que també es diu *força o massa vent, força o massa gent, força o massa pastissos, força o massa camises*.

Per tant, pel que fa al gènere i nombre, els quantitatius indefinits *poc* i *molt* actuen d'una manera (tenen variació), mentre que els quantitatius indefinits *força* i *massa* actuen d'una altra manera (no tenen variació). Almenys en el llenguatge estàndard i també en bona part de la parla.

Però hi ha gent que, parlant, diu *força o massa vent, força o massa gent, forces o masses pastissos, forces o masses camises*. És a dir, han equiparat el quantitatius indefinits *força* i *massa* als quantitatius indefinits *poc* i *molt* pel que fa a la variació de nombre (quan acompanyen noms).

Concloc que això té la seva lògica. Si *força* i *massa* en origen són noms i després passen a usar-se com a quantitatius indefinits, quan, sent ja quantitatius, acompanyen noms primer apareixen sense variació de gènere i nombre (*Hi ha força coses a debatre*; *Hi ha massa problemes*); però amb el pas del temps adquireixen variació de gènere en la parla (*Hi ha forces coses a debatre*; *Hi ha masses problemes*).

Ara que hi penso: abans he esmentat el *prou*. Em sembla recordar que en David, l'informàtic, a vegades diu coses com *Hi ha prouta feina!* (en comptes de *Hi ha prou feina!*) o *No tinc proutes eines* (en comptes de *No tinc prou eines*). Tot i que generalment sento el quantitatiu indefinit *prou* invariable, hi ha gent que ho diu com en David, amb variació de gènere i nombre.

Doncs ja ho tinc: els mots *força* i *massa* (i també *prou*), quan funcionen com a quantitatius indefinits tot acompanyant noms, primer es mantenen invariables quant a gènere i nombre (i així encara es diuen a molts indrets) però després adopten variació de nombre (almenys en alguns parlars). La forma estàndard del català tendeix a mantenir les formes originals invariables, tot rebutjant les formes que agafen terminacions de plural o de femení.

Ara s'haurien de sentir aplaudiments, per la troballa que he fet. Però és difícil que ningú de la nau m'aplaudeixi. No em senten els pensaments, i de fet l'únic que veuen és que estic escombrant. Difícilment s'aplaudeix a algú que escombra.

Hem avançat bastant. Però potser no prou. Encara em falta escatir una altra cosa: he d'aclarir és com un nom com *força* o *massa* passa a ser un quantificador indefinit (a *prou* ja ho vam veure).

Això sí que serà complicat! Almenys escombrar no és complicat; de fet, escombrar és una tasca tan simple que em permet tenir el cap ocupat en disquisicions lingüístiques o filosòfiques...

Què deu haver passat perquè un nom com *força* o *massa* passés a ser interpretat com un quantificador indefinit? Haig de trobar el context que permetés aquesta reinterpretació.

Al final se m'han acudit dues possibles explicacions. La primera explicació és que els mots *força* i *massa* s'usen en unes construccions (amb preposicions) que indiquen quantitat elevada o un volum de força elevat. Podria ser aquest, l'origen? Vejam: el mot *massa* pot ocórrer en construccions com *en massa*, que significa 'en gran quantitat' (per exemple: *A la festa del barri, hi ha vingut gent en massa*). Aquí, *massa* manté el significat originari com a nom alhora que expressa una idea quantitativa. El mateix es pot dir de *força*, que apareix en la construcció *amb força* 'amb ímpetu, amb valentia' (per exemple, *Durant la inundació, l'aigua va entrar amb força dins la casa*). Podria ser que *en massa* i *amb força* acabessin donant el significat quantitatiu als mots *massa* i *força*. La pega és que aquí hi ha unes preposicions en origen (*en* i *amb*), i cal suposar que, quan *massa* i *força* adopten el sentit de quantitatiu, perden les preposicions. No és impossible perdre les preposicions, és clar, però no deixa de ser una pega.

En fi, resumint: la primera explicació és que, a partir de la frase *Plou amb força*, el mot *força* s'interpreta com un quantitatiu indefinit, i en queda la frase *Plou força*. Des del moment que és vist com un quantatiu indefinit, *força* ja pot aparèixer en altres contextos, com *Aquests quadres són força bonics*.

Ara la segona explicació. He buscat en quina mena de frases apareix el mot *força* com a nom. Normalment, hi va el verb *tenir*. Per exemple, *En Joan té molta força, per tant podrà moure l'armari*. A vegades amb *donar*: *Sentir allò li va donar força*. I encara un altre context seria *fer força*, per exemple a *Si fem força tots plegats, podrem moure la roca*. He construït diverses frases amb aquests verbs i semblants, com ara: *Ell té força, però jo no*. Podria reinterpretar-se el mot *força* com si volgués dir 'molta cosa'? Podria ser. En altres verbs tal vegada encara és més clar: *Que Déu us doni força, Hem de fer força, Rebem força del sol, El moviment vegà ha agafat força*. Sí: en aquests casos, *força* podria reinterpretar-se com un quantificador semblant a 'molt'. Si la frase és interrogativa, encara més: *Ja tens força per a alçar això?, Creus que Déu us donarà força?, Ja podreu fer força, si esteu mal alimentats?, Com podem rebre força?, Aquest moviment agafarà força?*

Ja ho tinc, doncs. Deu ser a partir de frases com aquestes que *força* passa a ser vist com un quantificador, i després surten oracions com *Veu força la tele*.

I *massa*? Aquesta és més enrevessada, perquè pot aparèixer en més tipus de frases. Me n'he inventades unes quantes, però cap no em feia el pes.

Al final, però, he vist per on podia anar la cosa. L'origen pot ser una frase que parli d'una massa específica, i que aquesta frase contingui el verb *ser*, seguit del nom *massa* i una adjectiu. Per exemple, *Això és massa dolça, idònia per a fer pastissos*. Aquí, *massa* és un nom. Simplement, s'està dient que tenim una massa de fer pastissos, de gust dolç. Ara bé: a partir de contextos semblants a aquest, devia reinterpretar-se *massa* com un quantitatiu inicant 'excés'.

Una altra frase que hauria pogut generar aquest nou ús de *massa* podria ser *Aquí hi ha massa de pa* (és a dir, la massa per a fer pa). Podria reinterpretar-se com que hi ha pa en excés.

Resumint: la segona explicació seria que els noms *força* i *massa*, a partir de certs contextos com *tenir força, donar força, rebre força*, etcètera, o *ser massa* seguit d'adjectiu o d'una preposició *de*, es reinterpretaran com uns quantitatius.

Sigui l'una, sigui l'altra, les dues explicacions que he imaginat són plausibles.

Ja he acabat d'escombrar la nau. Que neta que ha quedat! Però just en aquell moment, entra una furgoneta conduïda per na Sabrina. Deu arribar de repartir. Quan ha entrat, però, m'adono que, per allà on ha passat la furgoneta, hi ha un parell de roderes de fang. Ha degut entrar en algun camí, potser ha hagut de repartir en masies. I ara les rodes deixen caure fang mig sec.

Em miro l'escombra. Noia, se'ns ha girat feina. Força feina, val a dir.

18. Els germans fan la seva

Aviat serà Sant Jordi. És una de les festes catalanes que més m'agraden. Comença a fer bo, i la gent surt al carrer, de manera que els carrers estan animats. I tothom vinga a comprar llibres i a regalar-se roses. Quina festa més maca!

Precisament els japonesos vam copiar-vos aquesta festa als catalans. En alguns llocs del Japó també celebrem cada 23 d'abril el *Saint George's day*, amb llibres i roses. Els japonesos som molt tradicionalistes, però no dubtem a importar costums i festes d'altres llocs. Ara: tal com la celebreu a Catalunya, no hi ha color.

Com que és una festa molt bonica, he convidat el meu germà petit, en Takeshi, a passar quinze dies a Catalunya.

Durant la seva estada, m'he agafat les vacances que em pertoquen i l'he dut a veure Girona, el Museu Dalí (de Figueres), Montserrat, els monestirs de Poblet i Santes Creus (a ell també li encanta el gòtic català), el Museu del Barça, la Seu Vella de Lleida, la Seu de Manresa, la Sagrada Família (es va quedar tan frapat de veure-la, que no tenia adjectius per a descriure-la), la Tarragona romana (també li agrada molt el món dels gladiadors, les curses de carros, etcètera) i el Delta de l'Ebre.

La vigília de Sant Jordi l'he dut a la feina. No hi havia de fer res, però així he pogut ensenyar-li de què treballo. Allà l'he presentat als companys. I més d'un m'ha dit:

—Així que és ton germà?

La forma que vaig aprendre a Osaka, la que llegeixo als llibres i la que sento a la tele i a la ràdio és *el teu germà*. D'on surt aquell *ton* (amb la *o* pronunciada *u*)?

A l'hora d'esmorzar, en Takeshi i jo hem anat al bar Manolo, amb la resta de la gent. En Manolo em diu:

—Xeic, vols que li faigue un pa 'n tomata, a ton germà?

Ell sap que no puc ni veure'l, el pa amb tomàquet. Li responc:

—Manolo, home, no li facis passar aquest mal tràngol!

Però en Manolo no es dona per vençut. És un home de la terra, i això es nota. Posa la mà a l'espatlla d'en Takeshi i li diu:

—Xiquet, tu deixa'm fer, creu-me: t'oferixo un menjar que és mamella de monja.

A veure: d'acord que en Manolo no sàpiga japonès. Això és comprensible. Passi que només digui quatre coses en anglès. I encara puc admetre que s'adreci en català a en Takeshi, tot i que no entén res del català (més enllà d'algunes paraules o expressions com *gràcies, bon dia, sisplau, una mica, castell* i *bo*). Ara: el que no pot ser de cap manera és que li digui que un menjar és *mamella de monja*. Com vol que ho entengui?

Al cap d'una estona li ha dut un parell de llesques de pa amb tomàquet —ecs!—, amb pernil salat al damunt. En Takeshi hi ha clavat queixalada i ha assaborit el pa. Mentre mastegava, començava a fer que sí amb el cap, se li il·luminava la cara i, finalment, girant el cap vers en Manolo, diu:

—Mmmm...! Bo, bo! Glàcies.

I tots riuen. Menys jo, és clar.

—Endrapa, xic, endrapa —diu en Manolo amb la seva veuassa, i llavors se m'adreça a mi—. Ja ho veus, Hiroshi, s'ha girat la truita!

Que no és de pernil salat, aquell plat? De quina truita em parla?

Durant l'esmorzar he rumiat sobre aquell *ton* que ha sortit diverses vegades. He fet una cerca ràpida pels diccionaris del mòbil. Es veu que *ton* i *el teu* són sinònims. Aquest *ton* és la forma masculina; com a forma femenina, és *ta*. De fet, els possessius del francès són així.

Em ve una pregunta. Si el *ton* s'usa bastant en la parla, com és que rarament apareix en registres formals? Els catalans no teniu un sistema tan rígid com el japonès a l'hora de classificar els mots segons llur aptitud per al registre...

Després de l'esmorzar ha aparegut en Ton, el comercial d'aquella empresa de Tarragona, i em diu:

—Hiroshi, com va? Què fa el caguerri de ton fill? I la teva dona, la Càndia?

Ja veieu que en Ton també ho fa servir molt, aquest *ton*... i que segueix confonent el nom de la meva dona.

—Va bé, gràcies. I tu i els teus, què tal?

—'Nem 'nant fent. M'han dit que aquest xicot és ta germà, no? —pregunta, assenyalant en Takeshi.

—Sí.

—I és d'Osaka, també?

—Sí.

—I viu amb tons pares?

—No, viu amb l'àvia, que és gran i millor que no estigui sola.

—Ah, doncs ton àvia té sort! T'ho dic de cort!

Vejam! Si *ton* és masculí, per què en Ton diu *ta germà*? I si *àvia* és femení, per què en Ton diu *ton àvia*? La resta de gent bé han dit *ton germà*; per què en Ton ho fa al revés? Ah, és clar: el que us vaig dir fa dies: que els catalans parleu al revés! Ho veieu, com tenia raó, jo?

Més tard, a l'oficina, he comentat el tema amb na Queralt.

—Estic desolat. La gent diu *ton germà* i no m'ho van ensenyar pas, això, a Osaka!

—Doncs es diu molt: *mon pare, ta mare, son cosí...* —em respon na Queralt.

—Ah... I, perdona que t'ho demani: es pot dir sempre *mon* en comptes de la construcció *el meu*?

Na Queralt agafa una mica d'aire: ja està acostumada a aquesta mena de preguntes, però sempre la sorprenc.

—No, de fet només es diu amb parentius. Per exemple, pots dir *ma sogra* però no pots dir *ma taula*. Has de dir *la meva taula*.

—Ara penso que na Planelles diu *ma casa*. Els valencians també deuen emprar-lo en aquest context.

—Veus? Ja t'estàs convertint en un expert en llengua catalana —em respon na Queralt.

—Però llavors, per què en Ton ha dit *ta germà* i *ton àvia* en comptes de *ton germà* i *ta àvia*?

—No ho sé, Hiroshi: a cada lloc parlen una mica diferent.

—Calla —dic—, potser és per comoditat fonètica. El francès ho fa així! Diuen *mon* i *ma* com a possessius normals i corrents, i per tant diuen *mon père* i *ma mère* per als pares; però també diuen *mon arrivée*, és a dir, 'la meva arribada'.

En Takeshi, al meu costat, no ha entès res, evidentment. Així que, al vespre, a casa, li he hagut d'explicar tot el que he descobert al matí. I, posats a fer, li he explicat moltes altres descobertes que he fet sobre el català.

En Takeshi ha conclòs que el català és enrevessat. Jo li responc que, per als catalans, el japonès és complicat. Per tant, és recíproc.

(La veritat és que els catalans no teniu raó. Gramaticalment, el japonès és prou senzill a comparació del català. Només hi ha una complicació real als ulls dels catalans: les partícules que indiquen la natura de cada cosa, el sentit de la frase —segons si és interrogativa o exclamativa, per exemple— i els casos (i, si voleu, que tenim molts sinònims). Passa, però, que el sistema d'escriptura sí que és complex, i això és una barrera. També hi ha les diferències de registre, i això —ho reconec— és difícil per a qualsevol estranger.)

Bé: l'endemà ja és Sant Jordi. Així que, a mig matí, hem sortit a fer un tomb per la Rambla de Barcelona. Les parades de llibres fan goig.

Hem sortit tots quatre (en Takeshi, en Jordi, na Claudia i jo). Com que hi ha molta gent, hi ha espais per on costa circular. Un moment, quan tot estava atapeït, li he dit a en Jordi, agafant-lo de la mà:

—Posa't darrere meu.

En Takeshi no entén el català, però com que anit vam passar-nos molta estona parlant sobre els possessius, ja sabia que *meu*, *teu* i *seu* eren els possessius masculins de les persones primera (*jo*), segona (*tu*) i tercera (*ell*). En veure que en Jordi es col·locava al meu darrere, m'ha preguntat:

—*Kataronia-go "meu" to wa dōiu imidesu ka? "Meu" wa bashodesu ka?*

Traduït al català:

—En català, què significa *meu*? És un lloc?

Ja veieu que això d'interessar-me per coses gramaticals em deu venir de família...

La veritat és que la pregunta d'en Takeshi té molt de trellat. En rigor, hauria hagut de dir *Posa't darrere de mi*, que sembla l'oració més lògica. El cas, però, és que en català soleu dir un possessiu en aquesta frase, per exemple *Posa't al meu darrere* o inclús, més sintèticament, *Posa't darrere meu.*

Em sembla, fins i tot, que això és molt propi de Catalunya; però que, en altres llocs on es parla català, no és tan habitual. Recordo que na Planelles sol dir *Açò és d'ell* i *Ves darrere d'ell*, mentre que els meus companys barcelonins solen dir *Això és seu* i *Ves darrere seu*. Són maneres de dir diferents, segons el lloc (com ha apuntat na Queralt). A mi també em passa al Japó: quan vaig a Tòquio, la gent sap que soc d'Osaka per la manera com parlo.

Però tornem al tema. Per què useu un possessiu, per a indicar un lloc?

Mentren na Claudia fulleja llibres infantils per a en Jordi, hi rumio. Aparentment, és un ús estrany. Passa, però, que és tan habitual que ni ho veiem, que és quelcom estrany. Aquest és, potser, el fenomen més difícil a què m'he enfrontat. Si el resolc, ja em poden donar un excel·lent *cum laude.*

—oOo—

Comencem pel principi: què significa *meu, teu, seu, nostre* i *vostre*?

En principi, aquests mots indiquen 'possessió' d'una persona. Podem dir una frase com *He trobat el teu jersei*. El jersei pertany a la persona a la qual m'adreço. Si no l'hagués trobat, també podria dir a aquella persona la frase *Agafa el meu* (és a dir, 'el meu jersei'), si necessita abrigar-se.

També sé que els possessius s'apliquen a relacions que no son ben bé de 'possessió', però que, en tot cas, impliquen un vincle anàleg. En Takeshi, si parlés català, podria dir *La vostra ciutat és molt bonica*. Barcelona no ens pertany, a na Claudia i a mi. Per tant, en principi aquest *vostra* seria abusiu. Però el cas és que en català es diu així.

La possessió també es pot indicar amb la preposició *de*: per exemple, *He trobat el jersei d'en Pau*. Fins i tot és possible *He trobat el jersei d'ell*.

Per tant, es pot afirmar que *meu* equival a la construcció *de mi*; *teu* equival a *de tu*; *seu* equival a *d'ell* o *d'ella*; *nostre* equival a *de nosaltres*; i *vostre* equival a *de vosaltres*.

I això explica que, en dir *Posa't darrere de mi*, també es pugui dir *Posa't darrere meu* (o *Posa't al meu darrere*).

Bé, tema resolt, doncs. No semblava tan difícil...

Però, no sé si això és prou... No, no en tinc prou. Tinc la sensació que he d'anar més enllà. Que he de saber per què hi ha aquestes expressions i, sobretot, per què es donen. Però el cas és que no aconsegueixo avançar. No trobo cap més manera d'explicar-ho (d'explicar-m'ho, de fet), per més voltes que hi doni. Anem de parada de llibres en parada de llibres i no aconsegueixo concentrar-me.

Per primer cop, la llengua catalana m'ha derrotat. *Gomen'nasai.*

Ha passat gairebé un mes des que va venir el meu germà (o mon germà, com diu la gent). Ja gairebé he oblidat la humiliant derrota que m'havia infligit la gramàtica catalana per aquelles dates.

Na Claudia s'ha posat a estudiar alemany. Vol aprofitar els mesos de maternitat amb els bessons —estan a punt de néixer— per a aprendre la llengua germànica. Com a arquitecta, tot i estar ben posicionada a Sud-amèrica i el nord d'Àfrica, vol obrir-se mercat al centre d'Europa. A Alemanya, Suïssa i Àustria, molta gent sap anglès; però no està de més conèixer la llengua dels teus clients, és una manera més d'entrar en aquest mercat. A més, als països centreeuropeus a l'entorn (Txèquia, Polònia, Eslovàquia, Hongria...) la gent sap anglès però alguns també saben alemany.

Fa un parell de dies que na Claudia està moixa. Tot i que l'alemany té semblances amb l'anglès (totes dues són llengües germàniques), hi ha coses que la treuen de polleguera. Per exemple, en anglès —que és la seva llengua nativa— no hi ha gènere (ni masculí ni femení). Les llengües romàniques sí que en tenen, i això ja li va costar prou quan va estudiar castellà, portuguès i català. Però és que en alemany hi ha tres gèneres: masculí, femení i neutre. I, sovint, quan en una llengua romànica un mot és masculí, en alemany és en femení. Així no hi ha manera d'encertar-la mai, em diu (i té raó).

Una de les coses que més la neguiteja de l'alemany són els casos. L'anglès tampoc en té, i per això li costa molt.

Els casos són una manera que tenen algunes llengües (com l'alemany, el llatí o el rus) d'indicar el rol d'un nom dins la frase.

Com sabeu, els noms poden fer de subjecte (*El nen plora*) però també poden fer de complement directe del verb (*Consoleu el nen*) o de complement indirecte del verb (*Dona això al nen*). També hi ha la funció de complement de nom (*El llibre del nen*, on *nen* complementa *llibre*). I encara hi ha altres usos a l'entorn del verb (atribut: *En Jordi és un nen*; agent: *Un dibuix fet pel nen*; complement preposicional: *Ves-hi amb el nen*).

Bé: en català, el rol d'un nom es veu per la preposició que té davant. En el complement indirecte, aquesta preposició és *a* (*Dona això al nen*). En el complement preposicional, doncs la preposició que toqui (*Ves-hi amb el nen*, i també *Ves cap al nen*, *Ves fins al nen*, *Això ve del nen*, i altres). En l'agent, *per* (*Un dibuix fet pel nen*). En el complement del nom, *de* (*El llibre del nen*). El subjecte i el complement directe estan tan lligats al verb que no necessiten preposició. En tot cas, la posició d'ambdós és diferent (el subjecte sol anar abans del verb i el complement directe sol anar després del verb, tot i que no és impossible trobar algun cas a la inversa). A més, el verb concorda en persona i nombre amb el subjecte (*El nen plora* i *Els nens ploren* serien mostres de subjecte; *Consoleu el nen* seria complement directe). L'atribut —que es pot considerar el complement directe dels verbs copulatius *ser* i *estar*, i que els lingüistes em perdonin si acabo de dir un sacrilegi— és un rol especial que també s'expressa sense preposició (*En Jordi és un nen*).

Ara: hi ha llengües on el rol d'un nom no es veu amb preposicions, sinó amb terminacions. És a dir, en comptes de posar una partícula davant del nom, el nom té una terminació diferent segons el rol. D'això, se'n diu *cas gramatical*. Aquesta és la manera de funcionar de l'alemany, del rus i del llatí. El nombre de casos varia segons la llengua: 6 en llatí, 5 en rus i 4 en alemany. A vegades, algun cas ha anat caient en desús (això li passa al polonès, per exemple). Ara: n'hi ha que es passen: un cop vaig llegir que en hongarès hi ha fins a 25 casos! (Val a dir que l'ús de casos en una llengua no impedeix que també s'usin preposicions.)

Perquè entengueu com funciona el cas: si cerqueu a internet el mot *declinació* (o, en anglès, *declension*) i el mot llatí *rosa* (que vol dir el mateix que en català), us sortirà que, aquest mot, tenia la forma *rosa* quan és subjecte; però *rosam* quan és complement directe; i *rosae* quan és complement de nom. (Això en singular; quan és en plural, hi ha altres terminacions.)

La terminologia dels casos és opaca, la veritat. Els gramàtics no han buscat unes denominacions clares als ulls del gran públic. Però va, aquí la teniu. Quan un nom fa de subjecte (*El nen plora*), el cas es diu *nominatiu*. Quan un nom fa de complement directe del verb (*Consoleu el nen*), el cas es diu *acusatiu*. (L'acusatiu també es fa servir quan indiques la destinació d'un desplaçament: *Vaig a Roma*; en català se sol dir amb la preposició *a*, però en les llengües que tenen cas es concep com un complement directe.) Quan un nom fa de complement indirecte del verb (*Dona això al nen*), el cas es diu *datiu*. I quan un nom fa de complement d'un altre nom (*El llibre del nen*), el cas es diu *genitiu*.

I com ho sé, jo, tot això? Doncs perquè —com ja us he dit— de jove vaig estudiar una mica de rus, allà al Japó. El rus té 5 casos i te'ls has de saber, i, a més, t'has d'aprendre les terminacions dels mots en funció del rol que tinguin dins la frase. O sigui que ja vaig passar pel que està passant ara na Claudia.

Després, com que m'agrada la lingüística —ja ho heu comprovat—, he acabat descobrint que les llengües romàniques no tenen casos però que l'alemany o el llatí sí que tenen casos, com el rus. Només cal que feu quatre cerques per internet i ho veureu.

Na Claudia no comparteix aquest entusiasme meu per la lingüística, i en comptes d'alegrar-se de trobar un fet complex, es desanima. De tota manera, que penso que més s'hauria de desanimar si estudiés hongarès, perquè si es desanima amb els 4 casos de l'alemany, què faria amb els 25 casos de l'hongarès?

Jo prou he mirat d'animar-la. He mirat d'ensenyar-li el funcionament gramatical del rus, a veure si veia clar què era això dels casos, però no hi ha manera.

Però ja sabeu que sóc un home de recursos i m'ha vingut al cap una idea que no podrà refusar.

L'anglès fa servir això dels casos en un aspecte molt concret!

Sí, sí, l'anglès té casos. Ja us he dit que na Claudia és angloparlant nadiua. Ella creu que l'anglès no té casos, i m'ha dit:

—*It's impossible!*

Però li ho he demostrat. En anglès, per a dir *El llibre del meu pare*, es pot dir *The book of my father*, igual que en català. Tanmateix, també es pot dir *My father's book*. Aquesta *s* final és una terminació de cas genitiu (és a dir, complement del nom). En gramàtica anglesa en diuen *saxon genitive* (és a dir, genitiu saxó). I aquesta terminació de genitiu també es troba en alemany. I cercant per internet he vist que també es troba en altres llengües germàniques, com el neerlandès, el danès, el suec o el noruec. L'única diferència és que en anglès s'escriu amb un apòstrof (*'s*), mentre que en la majoria de llengües germàniques s'escriu junt. Però és la mateixa terminació. I és una terminació de cas: de cas genitiu, per a ser exactes. En efecte, *El llibre del meu pare* en alemany es pot dir *Das buch meines Vaters*. Si cerques en un diccionari alemany per internet, veureu que *pare* es diu *Vater* (la *v* sona *f*; per tant, l'alemany *Vater* sona semblant a l'anglès *father*). Si al mot *Vater* hi afegiu una *-s* de cas genitiu, queda... *Vaters*! Aquest *Vaters*, com l'anglès *father's*, es pot traduir en català per *del pare*.

Quan he explicat això a na Claudia s'ha alegrat força. Ara comença a veure-ho una mica més clar. Un cop se li ha il·luminat la cara, m'ha fet un petó i m'ha donat les gràcies.

Ai, els casos...! Quin embolic per als parlants de llengües sense casos quan han d'aprendre una llengua amb casos! Segur que als catalans us deu passar el mateix que li passa a na Claudia quan us poseu a estudiar alemany o rus.

I és que el català, com que no té casos, doncs... ep; para un moment. Què dius? Que el català no té casos? Però... però segons com... A veure: el pronom de primera persona és *jo*, sí, però quan va darrere el verb (com a complement directe, complement indirecte o complement preposicional) no és *jo*, sinó *mi*. En aquest context he sentit algun cop *jo*, però la majoria de gent diu *mi* i és el que es troba als llibres. Sí, fixeu-vos-hi: *Jo t'ho dono* però *Dona-m'ho a mi*. Sí! En català hi ha un exemplar de cas gramatical, el pronom de primera persona!

Ara ja no podeu fer veure que no enteneu què és el cas gramatical quan estudieu alemany o rus...

Però, bé, es tracta d'un sol exemple de cas.

I llavors he començat a veure-ho clar. Per un cantó, tenim aquell us estrambòtic dels possessius (*Posa't darrere meu*). De l'altre cantó, tenim els casos gramaticals (*Jo t'ho dono* però *Dona-m'ho a mi*). I he enllaçat els dos conceptes. I m'he trobat que... Sí!!! Quan en català feu servir un possessiu en una construcció com *Posa't darrere meu*, en realitat aquell possessiu és com si fos la forma del cas genitiu! És a dir, en català els possessius venen a ser el cas genitiu dels pronoms de primera persona!

Fixeu-vos-hi. La forma de nominatiu del pronom de primera persona és *jo* (*Jo t'ho dono*). La forma d'acusatiu o datiu o preposicional del pronom de primera persona és *mi* (*Dona-m'ho a mi*); com que s'usa en el cas preposicional, també es diu *mi* amb locatius (*Posa't darrere de mi*). I la forma de genitiu del pronom de primera persona és *meu* (*Posa't darrere meu* = *Posa't darrere de mi*).

Fins i tot pot ser forma d'agent. En efecte, l'agent se sol dir amb *per* més el pronom personal (*Això és fet per mi*), però hi ha gent que diu —encara que se sent poc— un possessiu (*Això és fet meu*).

D'exemples de l'ús del possessiu com a cas genitiu dels pronoms personals n'hi ha molts. A banda de *Posa't darrere meu*, tenim *Posa't vora meu*; *Posa't a prop seu*; *Estem a favor vostre*; *Estan en contra nostre*; *Abans seu hi havia altra gent*; *Després seu res no va ser igual*; *Això és típic teu*; *M'ho van fer arribar a través seu*; *Hi aniré jo en comptes seu*; *Estan situats enmig nostre*; *Ell sempre va al revés teu*; *Vivien a tocar nostre*; *A part vostre, qui més vindrà?*; *Està situat a un quilòmetre nostre*; *Van passar arran teu i no els vas veure*; *Es va posar d'esquena meu*; *Poseu-vos de cara seu*; etcètera.

Renoi, que en soc, de bo! Encara tindrà raó, na Queralt: que seré un expert en llengua catalana! Em mereixo un doctorat *honoris causa*!

Ei, va, quin altre fenomen gramatical complex voleu que us resolgui?

9 798586 518934